En couverture :
La chouette de Tengmalm. Eric Depraetère

Page de droite :
Le faucon crécerelle. José Vigouroux

itinéraires de découvertes nature

L'AUVERGNE SAUVAGE

COORDINATION
Alex Clamens et Jean-Christophe Gigault
Ligue pour la Protection des Oiseaux

AUTEURS DES TEXTES :
René Auclair, Joël Bec, Emmanuel Boitier,
Alex Clamens, Gilbert Cochet, Pascal Duboc,
Jean-Pierre Dulphy, Catherine Duvaut,
Jean-Christophe Gigault, Marion Goutratel,
François Guélin, Gérard Guillot,
Jean-Jacques Lallemant,
Anne-Marie Mollet, Romain Riols.

MISE EN FORME DES TEXTES : Alex Clamens

Éditions Ouest-France

Sommaire

Photo Michel Cramois

Introduction

L'Auvergne ne se limite pas aux grands espaces herbeux et aux reliefs volcaniques vantés par les guides touristiques. A côté de ces paysages exceptionnels, et donc incontournables lors d'un voyage naturaliste, des milieux moins connus mais très riches d'un point de vue floristique et faunistique méritent plus qu'un simple détour.

Cet ouvrage invite à une découverte de ces environnements variés. Pour cela la région a été divisée en ensembles présentant à la fois une unité naturelle et géographique. Pour chacun d'entre eux, une présentation naturaliste générale est associée à une ou deux propositions de découverte sous forme de sentiers ou de centres d'accueil.

C'est donc une invitation à une exploration plus complète que chacun pourra organiser à sa guise à partir du premier contact permis par ce livre, œuvre collective des naturalistes auvergnats.

Nous vous souhaitons la bienvenue en Auvergne.

La vallée de Chaudefour. Michel Cramois.

Forêts et étangs du Bourbonnais

Le naturaliste de passage rapide dans l'Allier pourrait croire que ce département se limite à de grandes plaines cultivées peu attractives pour la faune et la flore.

Page de gauche
La fougère aigle. Jean-Claude Laigle.

Futaie de chênes à Tronçais.
Michel Cramois.

Les forêts et étangs de cette partie de l'Auvergne méritent pourtant plus qu'un simple détour.

Les grandes forêts de plaine

Vestiges du manteau forestier postglaciaire, les forêts de plaine sont disséminées dans le bocage, à l'est, entre Loire et Allier, dans la Sologne bourbonnaise, et surtout dans la partie centrale, entre Allier et Cher. Ces terrains appelés « sables du Bourbonnais » sont essentiellement constitués d'argile et de grès bariolés. Peu intéressants pour l'agriculture, ils ont été laissés à la production de bois. La surface de ces forêts reste modeste : de 1 000 à 1 500 ha pour Lespinasse, Dreuille, Gros Bois, mais en fait avec de bonnes différences : 375 ha pour Soulongis, la plus petite, à 10 600 pour la célèbre Tronçais au nord, aux confins du Berry. Ces forêts d'Etat, gérées par l'Office national des forêts, sont toutes orientées vers la production du bois d'œuvre de qualité et bénéficient du même mode de traitement dit « futaie régulière traitée en régénération naturelle ». L'espèce cultivée est le chêne sessile ; sa culture (sylviculture) est basée sur un de ses besoins essentiels, la recherche de lumière, qui va déterminer sa croissance, sa dureté, et façonner sa silhouette.

Le cycle d'une parcelle exploitée

Parvenus à maturité, vers 150 à 200 ans, les chênes d'une parcelle vont être récoltés, abattus par des éclaircies successives étalées sur neuf à quinze ans environ. Chaque automne, les glands fournis par ces semenciers de plus en plus espacés germent sur un sol ensoleillé et constituent ainsi un semis naturel dense et assez homogène. La recherche de la lumière met ces tiges très serrées en concurrence et leur impose une croissance en hauteur responsable de cette forme si particulière des chênes forestiers aux troncs longs, droits et sans branches basses. Cette forêt passe par des étapes successives : semis, fourré, gaulis, perchis, jeune futaie puis futaie mère... à réexploiter. Ces divers stades se distinguent par la densité décroissante des tiges, leur diamètre, leur hauteur et aussi par les travaux de dégagements et éclaircies que le sylviculteur pratique en complément d'une sélection spontanée. La forêt moderne n'est pas entièrement naturelle, ni libre de pousser à sa guise.

Quelques travaux sont techniquement et économiquement inévitables. Regrettons que certains soient pratiqués au printemps et en début d'été, en pleine période de reproduction. Quoi qu'il en soit, ces différents stades répartis sur l'ensemble de la superficie du massif constituent une mosaïque de milieux. Pour les toutes jeunes parcelles, semis et fourré, l'abattage des derniers semenciers âgés provoque une remontée de la nappe phréatique et un ensoleillement du sol, donc l'apparition d'espèces végétales avides de lumière. C'est un bouleversement profond et rapide du milieu. On trouve alors en abondance le jonc forestier, la molinie bleue et la cal-

La dernière phase d'exploitation : la régénération naturelle à Tronçais. Michel Cramois.

La linotte mélodieuse.
Alain Tixier.

L'engoulevent d'Europe.
René Auclair.

lune, reflets des caractéristiques physiques d'un terrain plutôt acide et frais. La ronce, la fougère aigle, le genêt à balai et le bouleau blanc, concurrents du chêne, sont éliminés par les ouvriers forestiers.

Les milieux ouverts et les fourrés des premiers stades

Les milieux ouverts conviennent à de nombreux insectes, et bien sûr aux oiseaux migrateurs insectivores. Ces peuplements herbacés-ligneux bas sont le domaine d'une vaste famille de passereaux : les sylvidés. Fauvette à tête noire et pouillot véloce en sont les deux espèces les plus communes, que l'on retrouvera d'ailleurs dans tous les autres milieux arborés. Moins abondants et plus liés à l'aspect « friche » du fourré, notons la fauvette grisette, la fauvette des jardins, l'hypolaïs polyglotte, le pouillot fitis. Jamais abondante mais assez uniformément répandue, la locustelle tachetée s'y montre peu, mais sera détectée par son chant comparable à une longue stridulation d'insecte. On peut aussi

Le tarier pâtre.
Jean-Claude Laigle.

y contacter la linotte mélodieuse et le tarier pâtre, le bruant jaune, la pie-grièche écorcheur et le bouvreuil, rare. C'est encore le terrain de reproduction des busards cendrés (dans les semis) et busards Saint-Martin (dans les fourrés), malheureusement en très nette régression en cette fin de deuxième millénaire.

Lorsqu'un fourré est contigu à une parcelle âgée, le pipit des arbres et l'engoulevent d'Europe, qui nichent au sol dans la végétation basse, trouvent des postes de chant sur des perchoirs élevés. Ainsi l'effet lisière à la jonction de deux milieux différents enrichit la faune en favorisant des espèces ayant besoin de deux strates différentes. Il est intéressant de constater que ces biotopes bas et ouverts accueillent surtout des espèces migratrices. Ces fourrés compacts fournissent des lieux de remise diurnes très appréciés des cerfs et chevreuils qui s'y sentent à l'abri des dérangements.

Le houx commun. Jean-Claude Laigle.

Du gaulis au jeune perchis

Vers 15 à 20 ans, la forêt entre dans l'étape du gaulis, puis du jeune perchis. Les chênes toujours serrés vont prendre de la hauteur malgré leur tronc encore fluet. Le milieu est très homogène, monotone et peu pénétrable. Le sol trop ombragé est pratiquement exempt de plantes

L'étape du jeune perchis : les chênes sont toujours serrés pour prendre de la hauteur. René Auclair.

herbacées, la nourriture est quasi inexistante pour bon nombre d'animaux. Les arbres n'ont encore aucune cavité et ne possèdent pas la structure adéquate pour recevoir de grosses constructions comme les aires de rapaces. C'est la phase la plus pauvre et la plus banale de la révolution forestière. Seules, la tourterelle des bois ou quelques espèces ubiquistes comme le merle noir, les grives draine et musicienne daignent s'y installer. Toutefois, au fil des années, certaines plantes apparaissent progressivement dans cette simplicité végétale. S'accommodant de l'ombrage des chênes qui les dominent, le hêtre et le charme, combattus au préalable par le forestier, deviennent des espèces dites « d'accompagnement » et sont tolérées en sous-étage. Spontanément, le houx commun, le tilleul à petites feuilles, l'alisier terminal et le néflier, rare, vont trouver place. Les saules cendrés colonisent souvent les bords des ruisseaux et les zones gorgées d'eau en permanence.

Pour la strate herbacée, l'anémone sylvie constitue un véritable tapis, avec l'oxalis pain de coucou et l'euphorbe d'Irlande, qui doivent accomplir leur cycle végétal en pleine lumière, donc entre la fin de l'hiver et le débourrage des feuilles courant avril. Dans les milieux marécageux, quelques belles fougères : blechnum, fougère femelle, forment de belles stations avec l'osmonde royale ou l'ail des ours, agrémentées de quelques pieds de parisette à quatre feuilles.

La phase de maturité : la futaie

Parvenus à 80 ans, les chênes, maintenant plus espacés, voient leurs troncs prendre du diamètre tandis que leur croissance en hauteur va ralentir. Vers 150 ans, ils atteindront tout de même les 30 m ; ils produisent aussi des glands en abondance, nourriture pour le campagnol roussâtre, le mulot sylvestre, l'écureuil, le geai, pigeon ramier et autre sanglier. Dès février, la futaie

L'osmonde royale. Gérard Guillot.

L'écureuil roux. Jean-Claude Laigle.

Le capricorne de Scopoli. Michel Cramois.

s'égaie des chants de la grive draine, puis du rougegorge et du troglodyte. En avril, c'est un fantastique concert matinal où l'on distingue les espèces les plus communes : mésanges bleue, charbonnière, nonnette et pinson des arbres.

Quelques accidents naturels ont créé des cavités ou dégradé le bois. Les pics – six espèces présentes – creusent alors à la recherche de larves ou pour aménager une loge qui recevra leur ponte. Les cavités, naturelles ou dues aux pics, seront utilisées par des oiseaux cavernicoles incapables de creuser eux-mêmes le bois : les mésanges par exemple, ou la sittelle torchepot qui adapte les dimensions de l'entrée du nid à sa taille en le maçonnant d'argile. Le pigeon colombin utilise souvent les anciennes loges du pic noir. On rencontre aussi le torcol fourmilier, devenu rare dans les années 1980, mais qui semble reconstituer lentement ses populations. Toutes ces espèces sont en concurrence avec l'étourneau sansonnet, aux effectifs pléthoriques, qui « squatte » énormément de cavités. Les rougequeue à front blanc, gobemouche gris et le rare gobemouche noir utilisent des « semi-cavités », ou cavités à large ouverture, dédaignées des espèces évoquées auparavant. Le grimpereau des jardins se contente d'un espace exigu, une écorce décollée ou un intervalle entre les éclats de bois d'un « chablis », arbre déraciné par un coup de vent, pour dissimuler un nid étroit.

Les autres espèces, non cavernicoles, bâtissent des nids en coupe à l'air libre. Celui du pigeon ramier est constitué de branchages, assez rudimentaire et caché dans le lierre ou les feuillages denses. Le loriot ne quitte guère les frondaisons et n'indique sa présence que par son joli chant audible jusqu'en août. Le sous-étage est utilisé par le pinson des arbres, le grosbec, les merles et grives, et encore par le geai. Le pouillot siffleur qui niche au sol, évolue dans les branchages les plus bas d'où il lance sans relâche son

Le grosbec casse-noyaux. Alain Tixier.

chant comparable au bruit d'une bille qui rebondit sur le carrelage.

En futaie, les chênes aux branches volumineuses peuvent accueillir de grosses aires de branchages : celle de la corneille noire mais aussi celles des rapaces. La buse variable est de très loin la plus commune, mais elle doit tout de même partager son espace de vie avec d'autres espèces : la bondrée apivore, consommatrice d'hyménoptères (abeilles, guêpes et leur couvain), donc migratrice, l'aigle botté, habile chasseur au régime alimentaire très varié, ou le rare autour des palombes, grand chasseur d'oiseaux (pics, pigeons, grives, geais, corneilles). Plus petit, son proche cousin l'épervier d'Europe se nourrira de petits passereaux de la taille du moineau ou de l'étourneau. Les futaies mûres mises en régénération laissent des arbres semenciers espacés. Cette forêt aérée est occupée par les milans noirs et royaux (en net déclin actuellement) et par le faucon hobereau, petit rapace migrateur qui se nourrit d'insectes et de passereaux. Pour les rapaces nocturnes, la forêt est le biotope

La mésange bleue. Jean-Claude Laigle.

L'épervier d'Europe.
Franck Chastagnol.

Le geai des chênes.
Jean-Claude Laigle.

de prédilection pour la chouette hulotte, assez bien représentée, et dans une moindre mesure celui du hibou moyen duc. Sa nidification est irrégulière, mais il se forme des dortoirs hivernaux regroupant parfois une cinquantaine d'individus. Notons qu'un bon nombre d'espèces fréquentant la futaie sont sédentaires, comme les pics, la sitelle, la chouette hulotte.

Parmi les mammifères, citons les musaraignes, discrètes et insoupçonnées, et les chauves-souris comme la barbastelle, la grande noctule et divers murins. Outre les grandes espèces de gibier assez communes comme les sangliers et les cervidés, la rencontre avec la martre n'est pas rare en forêt. Celle avec le putois est beaucoup moins fréquente, alors que renard, blaireau et fouine utilisent surtout les lisières. La découverte de quelques nids de muscardin prouve sa présence, alors que le petit rongeur lui-même ne se montre pratiquement jamais.

Certaines parties de la forêt au sol trop argileux et humide ne conviennent pas au chêne et sont affectées à la production d'autres espèces d'arbres, souvent le pin sylvestre. Les

Le blaireau en maraude.
Jean-Claude Laigle.

Le brâme du cerf. Daniel Auclair.

Les plus beaux fûts de Tronçais font l'objet de tous les soins lors de l'abattage. René Auclair.

La girolle. Jean-Claude Laigle.

jeunes pinèdes sont un terrain de choix pour le pouillot de Bonelli. La mésange huppée préfère ici le mélange « feuillus-résineux ». L'ancienne administration des Eaux et Forêts avait coutume d'embellir les « ronds », carrefours forestiers, en introduisant des résineux d'ornement d'espèces variées. Ces micro-milieux suffisent à procurer un territoire au roitelet huppé et au roitelet triple-bandeau qui, avec leurs 5 g, sont les deux plus petits passereaux de notre pays.

La forêt en automne et en hiver

Septembre voit la forêt devenir le théâtre du rut des grands cervidés. Si la biche se cantonne dans une réserve pudique, le cerf laisse libre court à ses pulsions naturelles : c'est le brame et toute la folie passagère des grands mâles qui s'affrontent dans des joutes orales puissantes pour la possession de quelques femelles. Gardons-nous de perturber cette sexualité tapageuse en restant des observateurs discrets et respectueux.

Enfin, est-il possible de parler forêt et Auvergne sauvage sans évoquer les ambiances embrasées d'automne, et plus encore la pousse des champignons ? Si le commun des cueilleurs, plus mycophage que mycologue, ne s'attarde surtout que sur le cèpe ou la girolle, sachons tout de même que nos forêts recèlent environ quatre cents espèces de champignons. Indépendamment de l'intérêt gastronomique ou de la toxicité qu'ils présentent, ces « végétaux » sans fleurs et sans chlorophylle vivent en symbiose avec les arbres, sont parasites ou dégradent la matière morte de la litière. Ils jouent un rôle écologique de première importance dans la décomposition et le recyclage des bois morts.

L'hiver en forêt est assez calme. Seuls, le rougegorge et le troglodyte éprouvent encore le besoin de chanter pour marquer un territoire sans nid. Il est possible de rencontrer une ronde de mésanges où se trouvent

réunies toutes leurs espèces. L'attention du promeneur est alors attirée par les cris roulés des mésanges à longue queue, les plus légères mais parmi les plus loquaces du groupe. Les divers pics et la sitelle se signalent aussi par des cris et martèlements largement prodigués. Localement, les pigeons ramiers et les corvidés forment des dortoirs hivernaux en futaie. Les pinsons du nord, gourmands de faînes, le fruit du hêtre, se montrent moins nombreux depuis quelques années. Est-ce un effet du réchauffement climatique et d'une nourriture différente ? Les grosbecs en troupe exploitent les graines de charmes aux fructifications généreuses. En hiver, les fourrés deviennent des dortoirs pour les linottes, verdiers et bruants des roseaux. Mais cette saison n'est pas exempte d'activités humaines. C'est la saison d'abattage des arbres à récolter, sur fond sonore de tronçonneuses. C'est aussi la saison des chasses au grand gibier. Le sanglier, déclaré gibier ou espèce nuisible, est prélevé sans règle et sans contrôle. Chevreuil et cerf sont soumis à un plan de chasse défini par une commission départementale qui détermine le nombre d'animaux

De longues piles de bois de chauffage attendent à l'automne d'être chargées sur des camions.
Michel Cramois.

Un couple de canards colverts.
Franck Chastagnol.

La queue d'un étang du Bourbonnais. Michel Cramois.

à prélever. Les chasses à courre attirent un public de plus en plus nombreux, plus amateur de spectacle facile que désireux de passer quelques heures en harmonie avec la forêt et ses habitants.

Les étangs du Bourbonnais

Le Bourbonnais possède environ un millier d'étangs dont l'intérêt varie selon la surface du plan d'eau, son implantation géographique et surtout du mode de gestion appliqué, qui influe sur la qualité de l'eau, la présence ou l'absence de végétaux aquatiques et la tranquillité.

La Sologne bourbonnaise est parsemée d'environ six cents étangs, sur des terrains argilo-siliceux. De faible surface (de 1 à 6 ha), ils ont été créés par les moines, au Moyen Âge, pour procurer une réserve de nourriture protéique accessible et consommable pendant le carême : le poisson. Certains de ces étangs ont abrité entre autres de fortes colonies de mouettes rieuses dans les années 1970-1980. Victimes de la mode cynégétique récente du mono-élevage de colverts, complétée par la suppression des ceintures végétales émergées, ils ont perdu beaucoup d'intérêt pour l'avifaune. Précisons en outre que tous ces étangs sont privés ; l'accès en est donc interdit et l'observation n'est possible qu'à partir d'une voie publique lorsqu'elle existe à proximité immédiate. Les étangs de Sologne bourbonnaise sont encore très fréquentés par un reptile assez rare au plan national, la cistude d'Eu-

L'étang domanial de Saint-Bonnet-de-Tronçais. Michel Cramois.

rope, ou tortue boueuse. Carnivore, cette tortue d'eau, craintive, s'expose au soleil les jours de beau temps. Elle pond courant juin dans le sable des talus et chemins alentour.

Sous le ciel du bocage bourbonnais, un bon nombre de petits plans d'eau, souvent privés, miroitent. Mais les plus grands étangs de l'Allier sont situés au nord, dans le pays de Tronçais. Barrages édifiés sur le bassin d'une petite rivière, la Sologne (rien à voir avec la Sologne bourbonnaise beaucoup plus à l'est), quatre d'entre eux ont été créés à la fin du XVIIIe et au début du XIXe siècle. Ils devaient procurer la force motrice aux forges de Tronçais, pionnières de la métallurgie locale.

DÉCOUVERTE : LES ÉTANGS

L'étang domanial de Saint-Bonnet-Troncais, et ses 45 ha d'eau peu profonde, est aujourd'hui voué aux plaisirs touristiques : pêche à la ligne, baignade et voile. Bordé d'une belle ceinture de phragmites, il abrite la nidification de la gallinule d'eau, de la foulque macroule, du grèbe huppé et de quelques râles d'eau. Son intérêt majeur vient de la présence d'une vingtaine de couples de rousserolle effarvate et surtout du blongios nain. L'étang de Saint-Bonnet est le seul et dernier point de nidification en Auvergne de ce petit héron migrateur, en régression alarmante sur l'ensemble de l'Europe. On y trouve aussi une petite station de droséra, discrète et jolie plante carnivore, cachée pudiquement dans les sphaignes gorgées d'eau.

L'étang de Goule, avec ses 110 ha, est le plus vaste. Situé dans le département de l'Allier, sur la commune de Valigny, il est propriété du Conseil général du Cher. Cet étang est entièrement en réserve de chasse depuis 1974. On y pratique la pêche à la ligne et une base nautique fonctionne près de la digue. La végétation rivulaire est à peu près absente sauf sur quelques points utilisés pour la

Le pic épeiche. Jean-Michel Favrot.

Le pic mar. René Auclair.

Les pics

L'Auvergne, et notamment la forêt de Tronçais, héberge six espèces différentes de pics.
Toutes ne sont pas liées aux grandes forêts, mais exigent néanmoins la présence d'arbres d'assez grande taille. Grâce à leur bec robuste les pics sont capables de creuser des cavités dans les arbres, les « loges », pour dormir et élever leur nichée, mais aussi pour trouver une partie de leur nourriture.
Celle-ci est basée sur les larves de coléoptères ravageurs de bois, et sur les fourmis. Des graines de conifères, glands, faines, noisettes, cerises et baies de lierre constituent un appoint végétal non négligeable. A part l'épeiche, tous les pics sont des sédentaires convaincus, très territoriaux même en dehors de la période de reproduction. Ils défendent leur espace vital par des manifestations bruyantes : chant, cris variés et coups de bec en rafale sur des branches creuses, le tambourinement.
Le pic noir, géant du groupe, avec une envergure de 70 cm et un poids de 250 à 300 g, fréquente surtout la chênaie-hêtraie mixte. Ses cris puissants, son tambourinement long et sonore, sa loge au grand orifice ovale facilitent sa localisation. Plus petit (150 à 210 g), le pic vert habite bocage, bois et lisières de forêt. S'il tambourine peu, son chant semblable à un rire rapide et nerveux le distingue aisément du pic cendré au chant plaintif, avec un final ralentissant sur des notes flûtées descendantes, soutenues par un long tambourinement (2,5 secondes).
Le pic cendré est un forestier, sans doute le plus farouche des six espèces.
Le pic épeiche (70 à 100 g) est un pic bigarré aux couleurs contrastées où le blanc et le noir alternent de façon subtile, rehaussés d'une tache rouge vif au bas-ventre. De février à avril, son tambourinement court et fréquent peut être entendu en forêt, bosquets et bocage. La distinction avec le pic mar au bas-ventre rose n'est pas toujours facile. Le chant plaintif et nasillard de ce dernier reste un atout pour détecter sa présence, essentiellement en forêt. Avec le pic épeichette, modèle réduit des deux précédents, on rencontre le plus petit des pics. Son envergure de 28 cm et son poids de 17 à 25 g le placent entre le moineau et le merle.
Il habite forêt, bois, vergers, jardins et parcs. Ses petits cris plaintifs et rapides rappellent ceux du faucon crécerelle. Son tambourinement peu sonore est émis en rafales rapprochées : l'abondance compense le manque de puissance.

parties buissonnantes des abords. L'observation de la migration est toujours riche d'espèces souvent spectaculaires en mars-avril et en automne : sarcelle d'été, canards chipeau et souchet, balbuzard, chevaliers guignette, cul-blanc, gambette, aboyeur, ainsi que les guifettes. Le grand attrait du plan d'eau pour les limicoles en migration postnuptiale, de la mi-juillet à octobre, vient de la présence des vasières très riches en petits organismes. Le site mérite également une visite en hiver, tant que les températures maintiennent l'étang hors gel : grand cormoran, sarcelle d'hiver, fuligules milouin et morillon, grèbe castagneux, grèbe à cou noir, foulque et grandes aigrettes peuvent être alors observés. Un jeune pygargue a même séjourné ici une semaine en février 1999.

Toile d'araignée perlée de gouttes de rosée.
Jean-Claude Laigle.

nidification de la foulque, du grèbe huppé, du râle d'eau et du canard colvert (en grande partie de souche domestique). Dans les prairies humides colonisées par les carex, renouées, joncs et salicaires, la bergeronnette printanière se reproduit de façon irrégulière, comme le bruant des roseaux et le phragmite des joncs. Une petite héronnière d'une vingtaine de couples de hérons cendrés se maintient dans la ripisylve depuis environ vingt ans, mais sans se développer, comme sur d'autres étangs de la région. Quelques couples de mésange boréale occupent la saulaie et la fauvette babillarde a été notée dans les

DÉCOUVERTE : LA FORÊT DE TRONÇAIS

D'une longueur d'environ 8 km, sans difficultés, le circuit demande deux heures de marche effective, davantage selon les rencontres favorisées par votre discrétion (cerfs, sangliers...). Prévoir des chaussures pouvant affronter la boue en période humide (favorable aux empreintes des animaux).

Accès

Lieu-dit Tronçais, commune de Saint-Bonnet-de-Tronçais (partie centrale de la forêt).

Circuit N° 1

A partir du rond de Tronçais, partir approximativement au sud par une « ligne » (route forestière empierrée) à travers la parcelle 316. Trois cents mètres après, prendre à gauche sur la ligne de la Clef des Fossés sur 2 km. Tourner à droite entre les parcelles 325 et 326 pour rejoindre le pittoresque étang de Saloup (privé). Rejoindre la route goudronnée qui sépare l'étang en deux parties, puis longer celui-ci en rive gauche à travers la forêt ou

La cistude d'Europe.
Romain Riols.

pousser jusqu'à la première ligne à droite (trajets en pointillé). Parcelle 327. Cent mètres après la barrière métallique, tourner à gauche sur la piste équestre à travers la parcelle 323, puis prendre à droite pour retrouver une partie du chemin pris à l'aller. Tout de suite après le ruisseau (au Gué du Vigneron), tourner à droite, toujours sur la piste équestre, et rejoindre à travers la futaie le site métallurgique historique de Tronçais. Ce parcours permet de traverser les différentes étapes du cycle forestier, du semis-fourré à la futaie mûre et futaie en régénération. Les cueillettes familiales (muguet, surtout champignons) sont tolérées mais ne sont pas un « droit » : leur commerce est interdit. En mai et juin, époque de la naissance des faons, tenir les chiens en laisse. Quelques bornes d'information sommaire ont été installées par l'ONF dans la partie proche du hameau de Tronçais.

Cèpes. Jean-Claude Laigle.

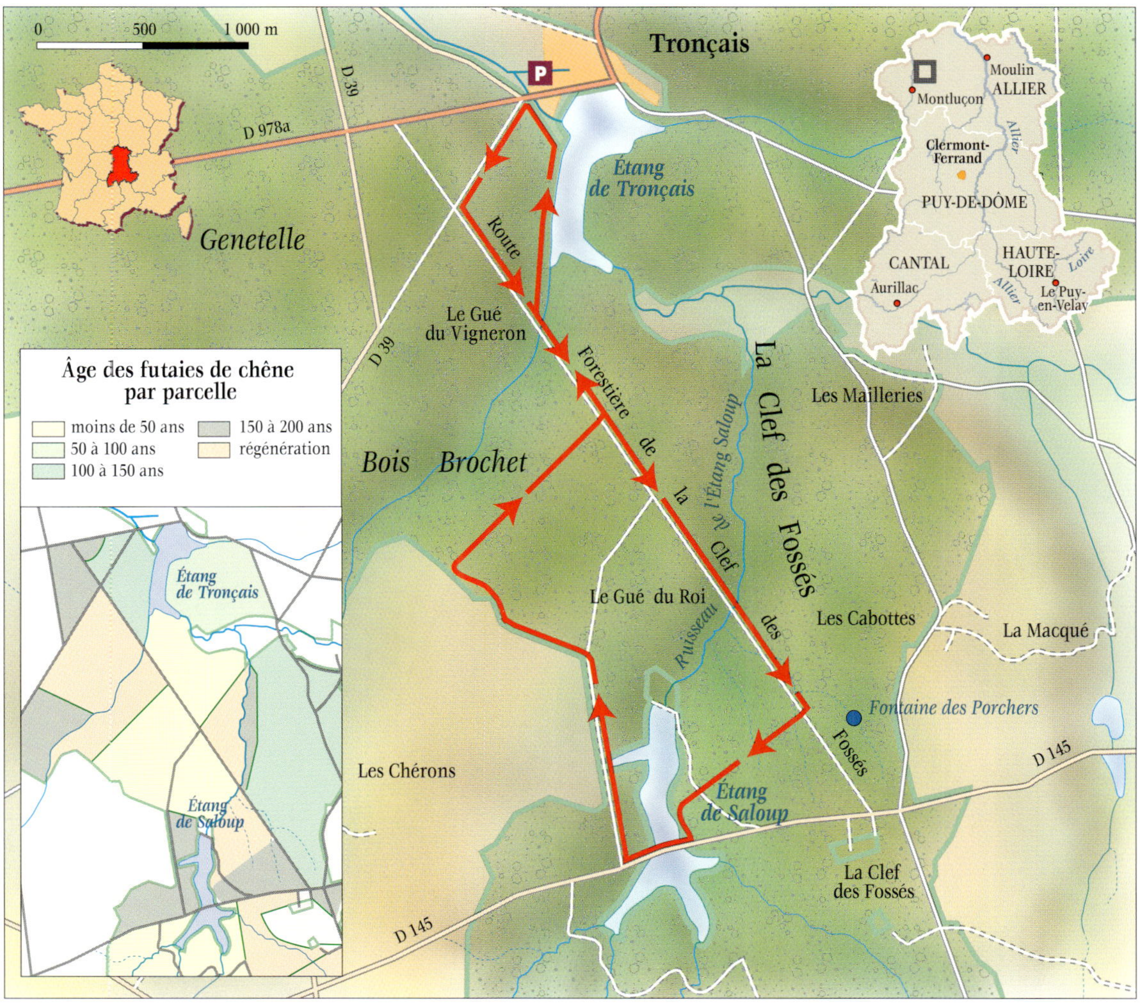

Le val d'Allier

Au sortir de profondes gorges, l'Allier va en s'élargissant pour traverser la grande plaine alluvionnaire de Limagne, laissant libre cours à ses divagations.
Nous pénétrons dans le val d'Allier. Celui-ci prend toute sa valeur naturaliste essentiellement à partir de Joze (Puy-de-Dôme), formant son plus vaste lit au nord entre Vichy (Allier) et Moulins (Allier). C'est dans la dynamique fluviale, encore peu contrariée dans ce secteur, que la rivière puise toute son originalité.

Le cours d'eau

La rivière proprement dite fournit des ressources alimentaires variées à beaucoup d'oiseaux grâce à la profusion de poissons et d'insectes qui y évoluent et à la végétation. Tout au long de l'hiver, les eaux servent de garde-manger à des centaines de grands cormorans venus des mers du nord de l'Europe, occasionnellement accompagnés par les plongeons catmarin ou arctique, oiseaux au corps fuselé qui chassent en plongée les petits poissons. Lorsque l'hiver se fait rude, gelant nombre d'étangs environnants, les eaux demeurées libres de la rivière servent de refuge à une foule de canards de toutes espèces, d'oies, de cygnes, de foulques et de grèbes. Ce sera aussi à la mauvaise saison un lieu de pêche privilégié pour les hérons cendrés et les grandes

Les méandres de Tilly dans la réserve naturelle du val d'Allier. Thierry Dubois.

Le balbuzard pêcheur.
Michel Cramois.

Irrigation dans les cultures intensives. Michel Cramois.

aigrettes qui arpentent à grandes enjambées les rives, aussi parfois pour le pygargue à queue blanche. Au printemps, c'est le balbuzard pêcheur en migration qui le remplace, survolant sans cesse la rivière à la recherche des poissons. Les milans noirs et parfois royaux l'accompagnent dans cette quête de nourriture, consommant volontiers les poissons morts. Les hirondelles de fenêtre, de cheminée et de rivage, de retour d'Afrique, y trouvent des millions de moucherons à capturer au vol. Arrivées aussi du sud, après l'hiver, les aigrettes garzettes, les sternes pierregarin et naine sont bien souvent accompagnées de leurs cousines : les guifettes noire et moustac en halte migratoire. Sternes et guifettes virevoltent au-dessus des flots avant de plonger subitement sur leur proie nageant juste sous la surface.

Il ne faut bien sûr pas limiter la richesse de l'Allier aux seuls oiseaux et nous ne manquerons pas de citer le poisson roi de ces eaux : le saumon. Malgré la multitude d'obstacles érigés par l'homme sur le cours du fleuve, il migre encore régulièrement jusqu'à ses frayères du haut Allier en Haute-Loire, faisant l'objet de toutes les attentions du monde piscicole (aménagement de passes à saumon, préservation des frayères...). Outre les barrages, les pollutions chimiques et orga-

La sterne pierregarin.
Alain Tixier.

Un bras mort. Michel Cramois.

niques issues de l'industrie, de l'agriculture ou d'origine domestique sont les plus grands dangers qui menacent la qualité de l'eau et donc la survie du saumon et autres poissons migrateurs : il est primordial de lutter contre elles pour que la rivière retrouve la pureté de ses eaux.

Les reculs et bras morts de rivière

Le cours de la rivière change souvent de trajectoire, laissant alors d'anciens méandres en eau qui un jour reverront peut-être passer les flots à la faveur de la reprise d'érosion due à une crue. En attendant ce jour, une végétation palustre (joncs et massettes) ou encore une ripisylve se développent sur leurs berges. En hiver, c'est là que l'on observe des attroupements de canards dans lesquels colverts, sarcelles d'hiver, canards chipeaux et siffleurs sont les mieux représentés aux côtés de nombreuses foulques macroules et de grèbes castagneux. Mais on pourra parfois entrevoir des espèces beaucoup plus rares qui viennent du Grand Nord comme le harle piette, le garrot à œil d'or, et même exceptionnellement des

Un sympétrum rouge sang. Michel Cramois.

Une hutte de castor appuyée sur la berge d'un bras mort de la réserve naturelle du val d'Allier. Romain Riols.

canards qui préfèrent théoriquement la mer : fuligule milouinan, macreuses noire ou brune. La quiétude de ces lieux de stationnement est parfois subitement perturbée par l'attaque fulgurante d'un faucon pèlerin hivernant. A la belle saison, ce sont des lieux privilégiés de reproduction pour le colvert ou la poule d'eau, les cygnes tuberculés, la rousserolle effarvatte ou le bruant des roseaux, mais aussi pour les grenouilles vertes et agiles, les crapauds communs et calamites, et quelques tritons. La surface de l'eau y est souvent fendue par le passage de l'envahissant ragondin. Plusieurs espèces de libellules s'ébattent dans les airs des marécages alors que le putois, qui se raréfie, explore les berges où la couleuvre à collier prend un bain de soleil. On y trouve parfois les traces d'un célèbre « bûcheron » des rivières : le castor qui a spontanément fait sa réapparition en val d'Allier depuis une dizaine d'années. Ce retour est bien sûr un évènement car les populations françaises de ce sympathique et discret rongeur, infatigable travailleur qui façonne la forêt fluviale, sont encore peu abondantes. Ces anciens méandres sont donc d'une grande richesse biologique, à préserver des décharges sauvages qui les dénaturent encore trop souvent.

Les berges abruptes

Dans les bords extérieurs des méandres, le courant de la rivière érode les berges qui s'effondrent parfois d'un seul tenant, créant ainsi de petites falaises de plusieurs mètres de hauteur. Dans ces fronts

Le guêpier d'Europe, de plus en plus présent dans le val d'Allier. Michel Vernaudon.

de taille, les hirondelles de rivage creusent des galeries parfois profondes d'un mètre pour y abriter leurs nichées. Elles s'y reproduisent en colonies denses de quelques couples à plusieurs centaines. Depuis maintenant plusieurs années, un oiseau magnifique aux couleurs chatoyantes et d'origine méditerranéenne les côtoie : le guêpier d'Europe, qui revient d'Afrique pour la belle saison et se reproduit en petites colonies colorées et bruyantes, chassant au vol les gros insectes. La flèche bleue des rivières niche aussi dans ces falaises : le martin-pêcheur d'Europe aux couleurs tout aussi vives que celles du guêpier. A l'affût sur une branche au-dessus de l'eau ou en vol sur place, il plonge vivement sur les petits poissons, puis s'envole à toute allure en droite ligne pour alimenter ses petits. Dans les nids inutilisés de ces oiseaux, les moineaux friquets viennent se reproduire. Parfois encore, on note, à l'entrée d'une vieille galerie de lapin de garenne mise à nu par l'effondrement de la berge, une chouette chevêche, un pigeon colombin, quelques choucas des tours ou un faucon crécerelle qui eux aussi y élèvent leurs nichées. Le grand danger pour ces falaises est l'enrochement, trop souvent pratiqué dans le passé pour limiter l'érosion naturelle du fleuve qui menace les surfaces agricoles attenantes. Quelques associations de protection de l'environnement ayant compris le danger se portent actuellement

L'Allier entaille les berges en créant des falaises de sable favorables aux hirondelles de rivage, guêpiers et martin-pêcheur. Michel Cramois.

Le martin-pêcheur. Franck Chastagnol.

De larges îles de sable et de graviers se rencontrent sur l'Allier à partir de Limous (63). Jean-Jacques Lallemant.

L'œdicnème criard.
Michel Vernaudon.

acquéreurs de secteurs sensibles, dans le cadre d'actions européennes, afin de laisser libre cours à la dynamique fluviale.

Les îles et plages

Au gré des crues, la rivière arrache et roule des tonnes de graviers et sables qu'elle dépose sur une plage dans le creux d'un méandre. Parfois le flux d'eau se sépare en deux bras qui délimitent une île plus ou moins étendue. Sur ces vastes surfaces de graviers, la végétation est rare et l'on retrouve souvent des « rachats », enchevêtrements de bois emportés et roulés par la rivière. Sur ces étendues découvertes aux allures de petits déserts, quelques espèces d'oiseaux nichent au sol, entre les galets. Leurs poussins sont capables de courir dès leurs premières heures et leur duvet couleur de gravier les rend bien difficiles à voir lorsqu'ils se tapissent au sol au moindre danger. C'est le cas des sternes pierregarin et des sternes naines qui se reproduisent en colonies sur les plus grandes îles

A leurs côtés nichent aussi les petits gravelots, des limicoles qui arpentent sans cesse les grèves et déposent leurs quatre œufs en croix dans une petite dépression de graviers, protégeant ensuite assidûment leurs poussins en poussant force cris ou en imitant l'oiseau blessé, ailes pendantes, pour attirer l'attention des prédateurs menaçants. Au crépuscule, un autre hôte de ce milieu fait entendre ses cris plaintifs et flûtés : l'œdicnème criard. Oiseau un peu balourd au vol, il est en revanche d'une grande vivacité dans ses déplacements au sol. Discret, aux teintes mimétiques et aux gros yeux jaunes, l'œdicnème aime les zones désertiques, pondant lui aussi ses deux œufs au sol pour donner naissance à des poussins tout aussi vifs dans leur course parmi les galets. Il repart en général en automne vers l'Afrique après de spectaculaires rassemblements (100

à 200 individus) qui laissent parfois, phénomène rarissime en France, quelques oiseaux hivernants en val d'Allier. La bergeronnette grise élève sa nichée au pied de quelque vieille souche ou d'une molène. Filant à pas précipités, le corps à l'horizontale sur les vasières dégagées, elle côtoie nombre de petits échassiers migrateurs comme les chevaliers aboyeur, gambette, arlequin, sylvain et cul-blanc, ou les bécasseaux variables. Plus on s'éloigne de la rivière, plus la végétation se développe sur les grèves sous forme de gazons parsemés de quelques petits saules : c'est la lande herbacée. C'est dans ces zones que se reproduit un autre limicole : le chevalier guignette.

La grande menace pour ce milieu unique est la limitation de la dynamique fluviale qui empêche son renouvellement, favorisant ainsi sa lente fermeture et son évolution vers la forêt.

Les landes arbustives

Au fur et à mesure que l'on s'éloigne du cours d'eau, la végétation se développe sur les plages limoneuses de moins en moins soumises, pour un temps, aux caprices de la rivière. Outre un tapis d'herbes et de fleurs aux couleurs chamarrées, quelques saules et aubépines parsèment le paysage de bosquets touffus, refuge de nombreux passereaux. Parmi eux la fauvette babillarde, originaire de l'Europe de l'Est, a colonisé petit à petit la France pour atteindre en val d'Allier une de ses limites méridionales. Véritables petits oiseaux de proie par l'aspect de leur bec, les pies-grièches écorcheur et à tête rousse ne sont pas pour autant classées dans les rapaces. A l'affût sur un buisson, elles chassent les gros insectes et petits lézards qu'elles embrochent parfois sur une épine ou un barbelé. Ces garde-manger sont appelés « lardoirs », les pies-grièches revenant plus tard pour déguster leurs repas.

Dans ces buissons épais, retentit subitement le chant éclatant et bref de la bouscarle de Cetti, apparue dans les années 1970 en provenance des régions méridionales, avant de s'éteindre dans le milieu des années 1980, victime des grands froids hivernaux. Depuis, quelques oiseaux recolonisent le val d'Allier. C'est aussi grâce à un curieux chant roulé aux accents de stridulations d'insecte, émis souvent au soir tombant, que l'on détecte la présence de la locustelle tachetée, autre fauvette peu fréquente qui se déplace bien cachée dans l'enchevêtrement des

Pacage pâturé par des bovins charolais. Thierry Dubois.

Vaste lande arbustive ceinturée par un bras mort aux Délots (03). Michel Cramois.

L'hoplie bleue. Gérard Guillot.

buissons. Dans ces vastes zones, de nombreuses caches abritent sangliers, chevreuils et perdrix rouges. A l'automne, on fait détaler devant soi nombre de lapins de garenne qui dans leur fuite provoquent l'envol des troupes de pipits farlouses au sein desquelles se cachent quelques rarissimes pipits à gorge rousse en provenance des pays scandinaves.

La ripisylve, forêt fluviale

Dans les zones du lit majeur épargnées par la rivière depuis de nombreuses années, les landes ont été colonisées par les arbres. Ormes, chênes, peupliers, saules, aulnes, robiniers et frênes atteignent alors des tailles respectables, formant de véritables forêts au sol humide, parfois entaillé de vieux méandres. Buse et milan noir y installent leur aire tandis que le faucon crécerelle s'approprie le nid abandonné de quelque corvidé. Le faucon hobereau, grand migrateur, y niche également, chassant en lisière gros insectes et hirondelles. Les pics épeiche et vert côtoient l'épeichette et le torcol. Le flamboyant loriot au chant flûté et roulé se cache dans les frondaisons des arbres. Quelques virtuoses du chant lui font concurrence : la grive musicienne et le rossignol philomèle mettent à profit respectivement l'aube et le crépuscule pour enchanter la forêt de leurs gammes. La tourterelle des bois n'hésite pas, elle, à roucouler doucement même aux heures les plus chaudes de la journée alors que les autres oiseaux attendent la fraîcheur des soirs d'été et des petits matins brumeux pour entamer un véritable

Les fruits de l'aubépine. Gérard Guillot.

La forêt alluviale. Michel Cramois.

Le héron cendré. Jean-Claude Laigle.

concert. En hiver, c'est le hululement des hulottes qui est le seul à percer la nuit, alors que le jour, les trilles du grimpereau des jardins explorant les troncs, accompagnés du chant mélancolique du rouge-gorge et des coups de clairon de la sittelle torchepot, sont bien souvent les seuls oiseaux entendus en ces lieux. Ces passereaux parfois engourdis par le froid sont des proies idéales pour l'épervier, une martre ou une fouine, mais aussi pour le rarissime chat sauvage d'observation tellement difficile. Dès le mois de février, les arbres, après avoir accueilli les dortoirs de grands cormorans, hébergent les colonies croassantes du corbeau freux. Le val d'Allier peut maintenant s'enorgueillir d'héberger quelques couples de cigognes blanches dont les premières nichèrent avec succès en 1989. Mais ce sont les hérons qui constituent la richesse de la ripisylve. Après avoir connu des heures sombres, victimes de destructions non fondées, leurs effectifs se sont reconstitués. La variété d'espèces nichant dans le val d'Allier n'a rien à envier à celle d'autres régions humides de France puisque cohabitent ici les hérons cendré, bihoreau, garde-bœuf, crabier et l'aigrette garzette. La grande aigrette est désormais présente en toutes saisons.

L'aigrette garzette. Alex Clamens.

Érosion active d'une berge de l'Allier. Michel Cramois.

La dynamique fluviale

Lorsqu'une rivière s'écoule librement dans son lit au gré des variations saisonnières de niveau d'eau, de la dureté des substrats parcourus et des obstacles naturels rencontrés, elle forme des méandres. Ces vastes courbes ne sont pas figées dans le temps et l'espace : lorsque les crues augmentent le débit de la rivière, elles accroissent la force du courant et donc l'érosion des berges, provoquant le déplacement du cours d'eau dans un large secteur que l'on appelle le lit majeur, zone inondable large de 2 à 3 km pour l'Allier, limitée par de hautes terrasses. Cette possibilité de s'étaler sur une vaste surface confère à l'Allier un rôle de régulateur des crues et de filtration naturelle de l'eau. Mais cette liberté des flots apparaît comme un danger pour les activités humaines, en particulier celles qui se sont développées récemment dans des secteurs inondables. Pour se protéger, l'homme essaie de « maîtriser » cette rivière en particulier par des enrochements des berges. Ces derniers, même s'ils répondent aux préoccupations légitimes des propriétaires riverains qui souhaitent préserver leurs terres de l'érosion, s'avèrent particulièrement perturbateurs. En effet, chaque fois que l'on empêche un fleuve d'éroder latéralement, il creuse son lit, ce qui abaisse automatiquement la nappe phréatique et déstabilise les ouvrages d'art comme les ponts. L'enfoncement du lit de l'Allier, qui a atteint ces dernières années 1 à 2 m, s'est ainsi traduit par une reprise d'érosion d'un de ses affluents : la Sioule, qui a coupé tous ses méandres. La solution pour résoudre le problème consiste en l'acquisition, par des associations ou les collectivités, des propriétés menacées par le fleuve, tout en maintenant l'usufruit aux agriculteurs propriétaires.

Il ne faut pas hésiter à visiter les prairies et cultures des terrasses avoisinant le val d'Allier car de belles rencontres y sont encore possibles. Dans les matins brumeux d'automne, on peut voir s'ébattre quelques lièvres, renards et chevreuils et observer l'envol majestueux de troupes de grues cendrées qui se sont reposées pour la nuit avant de repartir vers le sud. Des individus de cette espèce, de plus en plus nombreux (jusqu'à 600), hivernent en val d'Allier.

A gauche :
Les grues cendrées hivernent régulièrement depuis peu dans le val d'Allier.
Romain Riols.

DÉCOUVERTE : L'ESPACE NATURE DU VAL D'ALLIER

A Moulins, en amont du pont Règemorte, près de la rivière, l'Espace Nature du val d'Allier est un centre d'accueil et d'information sur le patrimoine naturel exceptionnel que constitue la plaine alluviale. Il vous invite à découvrir et mieux comprendre l'univers passionnant des

Le héron garde-bœuf s'est installé depuis une quinzaine d'années en Auvergne. Alain Tixier.

La réserve naturelle du val d'Allier

Créée le 25 mars 1994, la réserve naturelle du val d'Allier s'étend sur neuf communes (de Toulon-sur-Allier, au nord, jusqu'à Contigny, au sud), soit 21 km de rivière et 1 450 ha. La majeure partie de la surface protégée se trouve sur le domaine public fluvial. La LPO (Ligue pour la protection des oiseaux) et l'ONF (Office national des forêts) sont les gestionnaires de la réserve.
Des arrêtés saisonniers de protection de biotope ont été pris pour les secteurs qui accueillent les plus grosses colonies de sternes afin de les soustraire aux dérangements en interdisant leur accès.

oiseaux, de la nature, de la rivière, en déambulant au gré de vos envies dans trois espaces d'expositions permanentes.

Oiseaux, escargots, lézards, papillons... animent au fil des saisons un petit coin de verdure spécialement aménagé pour eux. Un observatoire permet de découvrir la vie sauvage de ce « **Jardin d'Oiseaux** ». Des caméras vidéo retransmettent en direct les activités des mésanges, pinsons, rouges-gorges, chardonnerets... Nourrissage, toilette, dispute et construction de nids assurent alors un spectacle permanent !

Les oiseaux ne sont pas avares de chants et de cris. L'**Espace enchanté** est le lieu idéal pour les écouter, les apprécier et apprendre à les reconnaître. Après une initiation à l'identification de chants, vingt-neuf oiseaux donnent de leur voix dans le petit opéra, orchestré par un chanteur à la fois diurne et nocturne : le rossignol philomèle.

Puis, laissez-vous emporter par la **rivière Allier**. Dans cette vaste salle, la rivière dévoile ses richesses, ses secrets, ses soucis... Fidèle reconstitution artistique des bords de l'Allier,

La sensibilisation des jeunes à la conservation de la nature est indispensable pour faire évoluer les mentalités.
Jean-Jacques Lallemant.

une trentaine d'oiseaux et autres animaux caractéristiques sont représentés dans leur milieu (talus, îles, bras morts...). A méditer : une fresque illustre les activités de l'homme autour de la rivière...

Mais l'Espace Nature du val d'Allier est aussi un espace animé, un lieu de vie et d'échanges. Les expositions temporaires se succèdent tout au long de l'année ainsi que les animations : sorties naturalistes grand public, activités pédagogiques et découvertes nature pour les scolaires et les groupes.

L'Allier et ses berges peuvent se modifier rapidement (crues, étiages, embroussaillement, effondrement de talus...), des espèces sensibles y séjournent, s'y reproduisent au fil des saisons. Afin de profiter pleinement des paysages naturels du val d'Allier, sans porter atteinte aux espèces qui y vivent, vous trouverez également à l'Espace Nature des conseils et renseignements pour une découverte respectueuse de ce milieu naturel aux multiples richesses : itinéraires possibles en fonction des niveaux d'eau et de l'évolution des berges, points de vue sur la vallée, espèces présentes au moment de votre visite et où les voir sans les déranger.

L'Espace Nature du val d'Allier permet au public de mieux connaître et comprendre la richesse naturelle de la rivière Allier. Patrick Nectoux.

Espace Nature du val d'Allier
8-12, boulevard de Nomazy,
03000 Moulins
Tél. : 04 70 44 46 29
Fax : 04 70 44 40 99

La cigogne blanche niche depuis 1989 dans le val d'Allier. Romain Riols.

Les Limagne et leurs marges

Depuis les côtes de Clermont, la vue porte loin vers les reliefs brumeux des Monts du Forez qui barrent à l'est l'horizon. Aux pieds de l'observateur s'étend une vaste plaine, uniformément cultivée, balafrée par deux autoroutes, piquetée de villages. Vers le sud, de petites buttes rompent cette monotonie.

Le domaine de la grande culture

Nées il y a 34 à 23 millions d'années, les plaines de Limagne sont des bassins d'effondrement remplis de sédiments essentiellement marno-calcaires dont l'épaisseur atteint localement 3 000 m. Domaine de la grande culture, avec des paysages ouverts, dépourvues d'arbres sur de grandes surfaces, on y cultive le blé, le maïs, la betterave à sucre, le tournesol, le colza et le tabac, sur des terres noires caractéristiques. Avec le développement des moyens de transport à partir de la fin du XIXe siècle, l'élevage a peu à peu abandonné ces plaines. Pendant le même temps, les céréales d'altitude (seigle, sarrasin) disparaissaient. L'espace rural s'est alors spécialisé, l'élevage occupant les hauteurs et les cultures la plaine. Cette agriculture s'est considérablement intensifiée ces dernières années. Le remembrement a fait disparaître les haies et les arbres, refuges de nombreux oiseaux. Un recours accru aux pesticides (herbicides, insecticides) a entraîné une baisse drastique des ressources alimentaires de la faune sauvage. En plaine, dans le Puy-de-Dôme, seules les Varennes, légèrement accidentées et marécageuses, restent encore le domaine du bocage.

Des oiseaux de plaine qui s'éteignent ou qui régressent

La monotonie de la plaine, domaine de la bergeronnette printanière, de l'alouette des champs et du bruant proyer, n'incite guère l'ornithologue à la prospection. Pourtant, quelques sites épars accueillent une vingtaine de couples de courlis cendrés et quelques couples de vanneaux huppés, de plus en plus rares. Quant aux busards cendrés, qui trouvent dans les champs de céréales des substituts aux landes d'antan, la réussite de leur nidification

Page de gauche
La plaine céréalière de la Limagne. Joëlle Bonnieux.

Le domaine de la grande culture. Joëlle Bonnieux.

Le busard cendré. Alain Tixier.

L'alouette des champs. Michel Cramois.

est menacée par les moissons précoces et exige une surveillance assidue des ornithologues de la LPO et la collaboration des agriculteurs. En 1978, soixante-cinq couples d'outardes canepetières fréquentaient encore les plaines du Puy-de-Dôme et une trentaine celles de l'Allier. En 1995, elles avaient disparu, incapables de s'adapter aux changements de l'agriculture, perturbées par l'arrosage automatique, les pesticides privant leurs poussins de nourriture, le développement du maïs et la régression de la luzerne réduisant ses habitats favorables.

Comme un parfum de Méditerranée

Vers le sud, la plaine de Limagne est parsemée de buttes qui doivent leur origine à un volcanisme daté du Miocène, soit 25 à 15 millions d'années. Sur la bordure ouest de la plaine, des coulées de lave du même âge ont été dégagées par l'érosion, donnant par inversion de relief de petits plateaux qui dominent la plaine de 150 à 300 m (Gergovie, Châteaugay, Montagne de la Serre). A l'abri des vents du nord, protégées des perturbations atlantiques par les reliefs des volcans, ces pentes bien exposées connaissent

un microclimat original relativement chaud et sec, pas plus arrosé que la Côte d'Azur, accentué par l'effet de la pente. De telles conditions se retrouvent sur les versants sud des vallées des Couzes. Si les hivers sont souvent très rudes, de type continental, les températures moyennes annuelles y sont supérieures de 2 °C environ à celles de la plaine de la Limagne et les températures estivales sont localement proches de celles qui sont connues plus au sud en région méditerranéenne. Il en découle localement une flore originale avec des espèces comme l'astragale de Montpellier, la coronille minime, le chèvrefeuille d'Etrurie et l'hélianthème des Appenins, des orchidées comme l'orchis pyramidal, l'orchis bouc et l'ophrys abeille. Dans les jardins des villages et de la banlieue de Clermont-Ferrand, l'homme a acclimaté avec succès le thym, le romarin, la lavande, le laurier-sauce. Figuiers et amandiers sont ici très à l'aise au milieu des vignes. Quelle surprise de découvrir là un arbousier, prélevé dans son Portugal d'origine, qui semble se plaire en ces lieux, loin pourtant de ses plus proches congénères ! Ou ces quelques pieds de thym, échappés d'un jardin voisin, et qui prospèrent par taches au pied du Puy de Chanturgues.

Une cabane de vigneron rappelle le passé viticole de ces coteaux secs.
Jean-Jacques Lallemant.

L'astragale de Montpellier.
Alex Clamens.

L'ophrys abeille. Gérard Guillot.

L'empreinte du vignoble

Très tôt déboisées et mises en culture par l'homme, ces pentes étaient le domaine d'un vignoble qui a couvert jusqu'à 65 000 ha à son apogée à la fin du XIXe siècle. C'était alors le troisième vignoble français, réduit aujourd'hui à 2 000 ha environ. La crise du phylloxera, la guerre de 1914-1918 et la désertification des campagnes liée à l'urbanisation et au développement de l'industrie ont entraîné sa régression dès le début du XXe siècle et son remplacement par l'élevage extensif des chèvres et des moutons, à l'origine des pelouses sèches qui s'étendent sur les versants sud de ces reliefs. La disparition progressive des troupeaux depuis les années 1950 laisse de nos jours ces espaces à l'abandon. Là où le sol n'est pas trop appauvri ou trop rocheux, ils sont peu à peu colonisés par des buissons comme l'églantier, le prunellier ou le cornouiller sanguin dont le couvert dense empêche localement toute pénétration par l'homme. On est surpris de trouver à l'ombre de ces arbustes quelques alignements de vieux ceps, des murets plus ou moins effondrés et des « tonnes » (ou abri de

Le chèvrefeuille étrusque.
Jean-Jacques Lallemant.

vignerons) en ruine bordées de vieux lilas. Avec les iris d'Allemagne que les viticulteurs plantaient en bordure des parcelles et les aristoloches, adventices de la culture de la vigne, ils témoignent d'une activité économique aujourd'hui révolue mais que des viticulteurs dynamiques, à Corent, à Châteaugay, à Boudes, maintiennent avec succès et tentent de développer à nouveau avec des produits de qualité.

Une avifaune originale

Ces coteaux secs abritent bien sûr des espèces recherchant les espaces ouverts et les pelouses comme l'œdicnème criard, l'alouette lulu et l'alouette des champs. Mais leur avifaune doit sa richesse et son intérêt à ses particularités climatiques qui attirent des espèces d'affinité méditerranéenne à la recherche de chaleur et de sécheresse, comme le hibou petit duc, la huppe fasciée, le

Le maintien des pelouses sèches passe par le pâturage ovin. Michel Cramois.

Ceps de vigne. Jean-Jacques Lallemant.

L'aristoloche. Alex Clameus.

Le hibou petit duc. José Vigouroux.

bruant ortolan et la fauvette orphée, ainsi que les moineaux soulcies qui nichent dans quelques villages du sud de la Limagne.

La mosaïque d'habitats, créée par les activités humaines traditionnelles mais aussi par leur régression progressive, favorise ici des espèces comme le bruant ortolan, qui recherche des espaces dégagés couverts d'herbes rases où il recherche sa nourriture, et de perchoirs (arbres, buissons, haies, murs) qui lui servent de postes de chant et au pied desquels il camoufle son nid. La linotte mélodieuse se plaît aussi dans ce genre d'habitat tout comme le busard cendré (remplacé en hiver par le busard Saint-Martin), le mimétique et crépusculaire engoulevent, la perdrix rouge et la pie-grièche écorcheur. Quant à la fauvette orphée, rare et localisée, elle affectionne ces milieux diversifiés où se mêlent arbres, buissons et espaces ouverts. Le circaète jean-le-blanc, qui fréquente ces milieux pour chasser mais niche dans les bois avoisinants, se poste en vol sur place au-dessus des terrains découverts, guettant les reptiles dont il se nourrit et qui aiment se dorer au soleil sur ces pentes chaudes et sèches.

Des milieux condamnés ?

Les landes et les pelouses sèches d'Auvergne sont donc aujourd'hui des milieux en évolution plus ou moins rapide condamnés à terme à disparaître. L'exploitation intensive par l'homme de ces pentes bien exposées avait conduit à une certaine uniformité paysagère. Leur abandon a commencé par augmenter la biodiversité en créant une mosaïque de cultures, de pâturages et de stades plus ou moins avancés de colonisation de l'espace par les buissons et les arbres. La poursuite du processus d'abandon amène à une autre uniformisation, avec le retour de la forêt, sauf autour des agglomérations où le climat agréable favorise l'urbanisation des coteaux par des maisons individuelles. Dans tous les cas, un paysage original, possédant une flore et une faune particulières, disparaît peu à peu, et avec lui une partie de la richesse naturelle de l'Auvergne, sauf à mettre en place des plans de gestion destinés à bloquer ces processus naturels de colonisation.

DÉCOUVERTE : LES BUTTES DE COURNON

Cet itinéraire permet de découvrir, en deux ou trois heures, sur un sentier balisé sans difficultés mais au dénivelé localement fort, un très bel ensemble de pelouses sèches, milieu « naturel » caractéristique des buttes et du rebord de la Limagne. Le plateau des Vaugondières et le Puy d'Anzelle, et l'espace cultivé qui les sépare, sont soumis à un arrêté de protection de biotope et gérés par la LPO en partenariat avec la commune de Cournon.

Le bruant ortolan. Franck Chastagnol.

Les pelouses sèches sur les vaugoudières donnent sur l'agglomération et la chaine des puys. Jean-Jacques Lallemant.

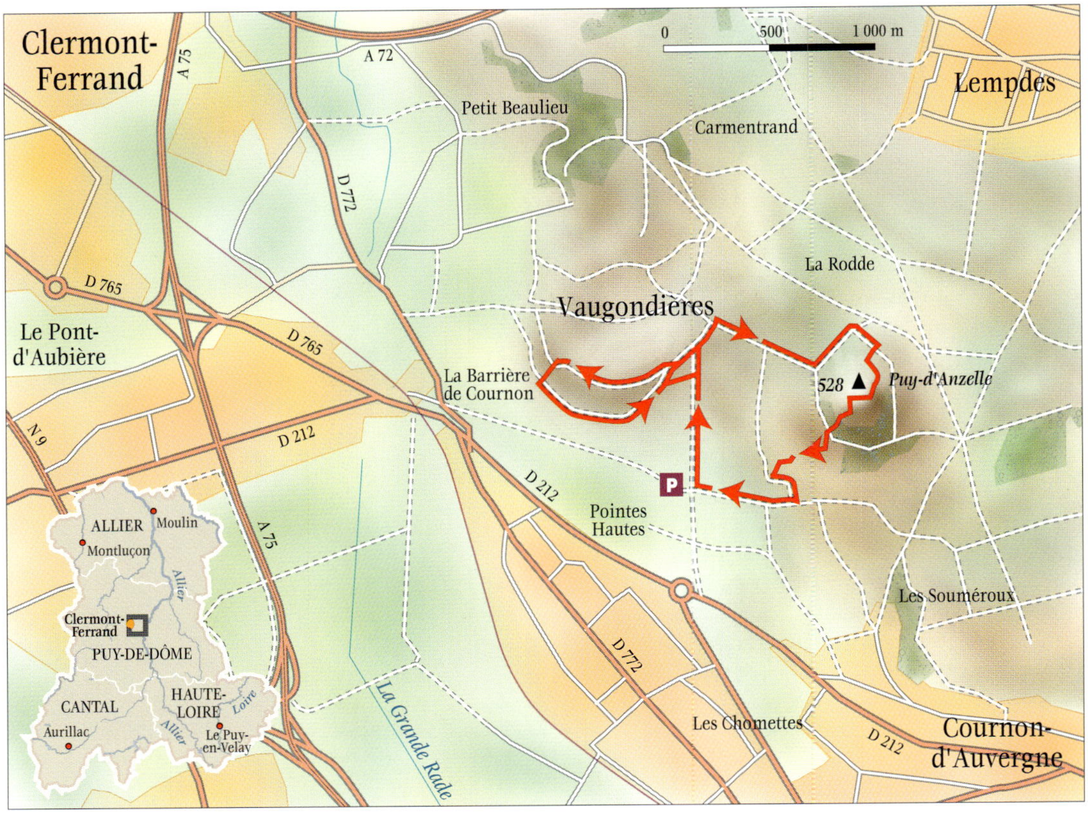

Le sentier botanique du Puy d'Anzelle.
Jean-Jacques Lallemant.

Accès

Prendre la D 212 entre Clermont-Ferrand et Cournon, près de la zone industrielle de Cournon. Au rond-point, prendre à gauche, en venant de Clermont-Ferrand, le chemin carrossable et se garer sur le parking dit « la mère Ramade ».

Circuit N° 2

La visite commence par une montée vers le plateau des Vaugondières. Sur la gauche, une tonne nous replonge d'emblée dans le passé, quand ces coteaux étaient une véritable « mer de vignes ». La végétation naturelle les a recolonisés suite à leur abandon, prélude aux friches et pelouses actuelles. Les alouettes des champs s'égosillent haut dans le ciel.

Le sentier longe le plateau entre pelouses sèches et cultures. Une rosette de feuilles épineuses plaquée au sol et une énorme « fleur » jaunâtre signalent la chardousse (carline à

Des concrétions carbonatées recouvrent les végétaux. Michel Cramois.

Les sources salées

D'après Sources salées d'Auvergne, Conservatoire des espaces et paysages d'Auvergne (Moulin de la Croûte, rue Léon-Versepuy, 63200 Riom. Tél. : 04 73 63 18 27).

Lorsque les eaux de pluie s'infiltrent dans les roches, elles connaissent en profondeur deux types de phénomènes : elles se réchauffent et se chargent en dioxyde de carbone, gaz naturellement émis par le manteau de la terre. Les eaux se réchauffent d'autant plus que le flux géothermique local est élevé et elles se chargent en matières minérales prélevées dans les roches traversées. Si elles rencontrent un système de faille, leur faible densité due au dioxyde de carbone et à leur température leur permet de remonter rapidement vers la surface, d'ou l'hydrothermalisme. La richesse de l'Auvergne en sources hydrothermales résulte donc de la combinaison d'un flux géothermique élevé et d'un réseau de failles important au voisinage de la plaine de la Limagne. Une particularité de certaines de ces sources auvergnates est leur richesse en chlorure de sodium, prélevé en profondeur au contact du granite ou de roches sédimentaires. Leur salinité, comprise entre 0,2 g et 2 g par litre, est certes éloignée de celle de l'eau de mer (35 g par litre) mais elle est suffisante pour permettre la présence d'espèces halophiles normalement rencontrées sur le littoral comme la puccinelle à épis distants, la spergulaire maritime, le glaux maritime, le jonc de Gérard, le troscart maritime et le plantain maritime. Certaines sources ont été exploitées pour des vertus thérapeutiques dès l'époque romaine, comme celle du Saladis aux Martres de Veyre pour les maladies de la peau.

Dans le cadre d'un programme européen LIFE « Sources salées d'Auvergne », le Conservatoire des espaces et paysages d'Auvergne a pu mener à bien de 1995 à 1998 la protection de plus de 40 ha de milieux salés par des acquisitions, des locations ou des conventions de gestion avec les propriétaires.

Un « griffon » de source salée. Michel Cramois.

Le pissenlit de Bessarabie. Michel Cramois.

Le dectique verrucivore. Jean-Claude Laigle.

feuilles d'acanthe), espèce rare de ces coteaux. Plus loin, la rocaille apparaît : le calcaire affleure en bancs stratifiés et effrités ; l'aridité s'impose sur cette roche fissurée. C'est le domaine de toute une flore spécialisée aux accents méditerranéens dont les floraisons se succèdent en vagues colorées au cours du printemps : astragale de Montpellier, lin d'Autriche, hélianthème des Apennins, hippocrépide à toupet et, en fin de printemps, germandrée petit-chêne. Ce plateau, trop sec et rocailleux, n'a pas connu la vigne dédiée aux pentes en contrebas aux sols un peu plus profonds. En revanche, jusque vers les années 1950, d'imposants troupeaux de moutons itinérants (jusqu'à 1 000 têtes) parcouraient ces communaux au sommet des buttes, entretenant cette végétation rase et spécialisée. Mais là encore le pâturage, comme la vigne, s'en est allé. Ainsi, tout au long de cette promenade, nous garderons en mémoire que ces pelouses et ces friches, en apparence sauvages et naturelles, ne sont en fait que des « sous-produits » de pratiques agricoles anciennes et révolues qui ont façonné le paysage. Depuis une dizaine d'années, les la-

Le lin d'Autriche.
Jean-Jacques Lallemant.

pins, en forte augmentation, ont d'ailleurs pris le relais des moutons, créant des espaces ras, dénudés, minés de terriers et de grattées.

Le sentier coupe dans la pente et revient en longeant la base du coteau au milieu des fourrés où abondent toutes sortes d'arbustes : églantier, prunellier, cornouillier sanguin, troène, aubépine et chèvrefeuille étrusque, une espèce buissonnante méditerranéenne aux fleurs très parfumées. Cette brousse constitue un repaire de fauvettes grisettes et d'hypolaïs polyglottes. Des amandiers, des poiriers, des pruniers, des cerisiers et quelques cormiers émergent çà et là et nous rappellent, eux aussi, le souvenir du vignoble disparu où le vigneron se plaisait à entretenir quelques arbres fruitiers. Désormais, ces sentinelles historiques servent de postes de chant au bruant ortolan, passereau emblème de ce site dont deux ou trois couples occupent chaque année ce coteau. Au bord du chemin, quelques touffes d'iris d'Allemagne témoignent discrètement du « paradis des vignerons », ce petit espace fleuri qu'ils entretenaient autour de leur vigne, notamment sur les murettes de pierre.

L'ophrys araignée. Jean-Claude Laigle.

Le criquet italien. Gérard Guillot.

L'azuré commun. Michel Cramois.

L'ophrys mouche. Gérard Guillot.

Le sentier longe une parcelle cultivée où une gestion raisonnée vise à favoriser le développement de la flore messicole, ensemble d'espèces de plantes spécifiques des moissons et devenues pour la plupart très rares depuis l'usage généralisé des herbicides et le tri des semences : coquelicots, pied-d'alouette, miroir de Vénus ou caméline par exemple. Dans la plaine en contrebas, un mâle de busard cendré patrouille.

Nous quittons le plateau calcaire des Vaugondières pour rejoindre le Puy d'Anzelle par un sentier bordé d'une haie plantée, d'allure un peu « exotique » avec des épines-vinettes pourpres et des cornouilliers mâles. Qu'importe : le tarier pâtre s'y complaît et vous gratifie de quelques alarmes sèches et appuyées. Un chemin permet de contourner le puy par la gauche et longe un bois de robiniers faux-acacias. Le robinier, essence américaine introduite au XVIe siècle, avait la faveur des vignerons qui le plantaient pour fabriquer des piquets de vigne avec son bois imputrescible. Mais le robinier développe un redoutable réseau de racines qui produisent autant de rejets et colonisent les pelouses avoisinantes. La LPO a donc entrepris des travaux d'abattage pour limiter l'expansion de cet arbre.

Ici, les pelouses prennent un aspect plus opulent et plus coloré à cause d'un sol plus profond et d'une exposition plus fraîche. Les orchidées s'y développent volontiers de mai au début de juillet : orchis pourpre d'abord, orchis homme-pendu, puis les ophrys (araignée, frelon, mouche et abeille) et enfin les orchis pyramidaux et les grands orchis boucs. Pour limiter la progression des buissons qui étouffent ces espèces, des interventions ponctuelles (fauche notamment) permettent de maintenir ces milieux favorables pour cette flore, mais aussi pour les papillons comme les nombreux argus.

Un sentier monte en biais en direction du sommet en contournant des petites falaises tourmentées de basalte sombre. Cette roche atteste de l'histoire volcanique du Puy d'Anzelle, né d'une intrusion de lave au sein de couches de calcaire qui a engendré notamment des roches hybrides, mélange de lave et de calcaire, appelées pépérites et spécifiques de la Limagne.

Le sommet surprend par son paysage radicalement différent de celui des Vaugondières : hautes prairies sèches à avoine élevée entrecoupées de clairières rases, tonsures entretenues par les lapins sur les rebords du sommet. Une autre flore s'installe ici, différente avec son cortège de raretés comme l'épiaire d'Héraclée dont c'est la seule station connue en Auvergne, la minuscule androsace allongée ou le liseron de Biscaye, un spécialiste des pentes d'éboulis. D'un cerisier qui émerge de la pente, le pipit des arbres s'élance pour entamer une longue descente en parachute. Le circaète jean-le-blanc vient parfois chasser sur le sommet, à la recherche d'un lézard vert, d'une coronelle lisse ou d'une vipère aspic. Une descente raide au milieu des cailloutis de basalte nous ramène à la base du puy : en mai, des touffes imposantes au feuillage vert bleuté rappelant le colza inondent de leur floraison jaune d'or les talus et les espaces dénudés : le pastel des teinturiers, autrefois planté par les vignerons pour fabriquer la teinture bleu indigo, a reconquis les espaces vides.

Le sentier zigzague au milieu d'une plantation artificielle, plus rocaille que boisement, où abondent les insectes amateurs de chaleur et de soleil : criquets aux ailes bleues, criquets d'Italie, sauterelles vertes, éphippigères des vignes, guêpes polistes, mantes religieuses, grillons violonistes. Une huppe se lève du chemin et va rejoindre un vieux noyer. Tous ces vieux arbres, truffés de cavités naturelles, hébergent le très rare hibou petit duc, un méridional affirmé. Des plantations et la pose de nichoirs ont favorisé ces deux espèces cavernicoles. Le chemin rejoint le parking face à la vaste zone industrielle et à l'agglomération cournonnaise.

Lézard vert mâle reconnaissable à sa gorge bleue. Gilbert Cochet.

La Chaîne des Puys

La Chaîne des Puys (ou Chaîne des Dômes) n'est pas forcément aisée à découvrir pour le naturaliste. De prime abord, la géologie paraît beaucoup plus simple et commode que l'observation des oiseaux, des mammifères ou de la flore : les quelque quatre-vingts volcans de la chaîne sont célèbres, et il est évident que les ascensions du Puy de Dôme, du Puy de Parion ou du Puy de la Vache sont des incontournables...

Des volcans d'abord...

Le premier contact se fait souvent par la visite du sommet du Puy de Dôme (ou par le parc Vulcania) : il s'agit de sites très touristiques, et très typés, qui pourraient faire oublier que la majeure partie de la Chaîne des Puys est encore très sauvage, et que sur quelque 15 000 ha, de nombreux secteurs non indiqués sur les guides touristiques peuvent permettre une découverte de l'environnement. Mais attention à la météo, très imprévisible ! La chaîne reçoit directement les perturbations atlantiques. Les pluies sont très bien réparties : quinze jours par mois au minimum, quel que soit le mois !

Page de gauche
Le Puy de Dôme.
Michel Cramois.

La chaîne des Puys.
Michel Cramois.

Le Puy de Lassolas avec son cône carastéristique de pouzzolane. Michel Cramois.

La futaie de hêtres. Jean-Claude Laigle.

Les boisements occupent principalement les puys et les anciennes coulées volcaniques. Alex Clamens.

Climat de montagne oblige, la neige est fréquente (en moyenne soixante-dix jours par an sur le Puy de Dôme), mais elle ne tient pas longtemps, car les radoucissements arrivent aussi vite que les nuages. Pour l'ascension du Puy de Dôme, le créneau doit être bien calculé, car le sommet est statistiquement plus souvent « encapuchonné » que découvert. Enfin, le vent sur les crêtes est souvent très fort. Les randonnées doivent donc se préparer en consultant les services météorologiques pour mettre tous les atouts de son côté.

Des forêts ensuite

Le milieu naturel est d'abord forestier : la vue depuis le sommet du Puy de Dôme montre d'immenses étendues boisées, qui souvent moutonnent sur les anciennes coulées basaltiques des volcans éteints.

Cela n'a pas toujours été le cas : il y a deux siècles, les moutons étaient rois, et les « estives » donnaient à la Chaîne des Puys un air de cousinage avec les sommets dénudés du Sancy. Très peu d'arbres, beaucoup de rochers chaotiques, et des herbages immenses. De cette période ne subsistent que les secteurs d'estives actuels, autour du Puy de Dôme, et sur quelques parcelles où le pâturage des moutons est aidé financièrement.

Le boisement n'est pas du tout homogène : ainsi le comte de Montlosier, à la fin du XIXe siècle, avait-il privilégié la replantation de feuillus, notamment de hêtres : on découvre ainsi de très belles hêtraies, aux fûts argentés très réguliers. Par la suite, ce sont plutôt des plantations intensives de résineux qui ont été encouragées. Là où la forêt est encore absente ne subsistent que les milieux de landes, des pâturages et, en altitude (sur le Puy de Dôme essentiellement), des milieux « subalpins » assez rocheux.

Les hêtraies, pour ceux qui aiment les éclairages hors du commun

Certaines hêtraies sont en toutes saisons de véritables « cathédrales » végétales, avec un sous-bois herbeux, et une voûte de verdure à plus de 20 m au-dessus des têtes : le parc d'Allagnat (à 1 km au sud-est du village du même nom), la forêt des flancs du Puy de Pourcharet (près de Nébouzat), ou celle qui descend sur les pentes est du col de Ceyssat sous le Puy de Dôme sont à découvrir en toutes saisons : en hiver avec leur géométrie argentée de troncs lisses et parallèles, en été avec la fraîcheur sombre où le promeneur est vite désorienté.

En hiver, ces forêts sont silencieuses : mis à part quelques chevreuils éventuellement dérangés, la faune (et en particulier les oiseaux) a quitté ces sous-bois où la nourriture est rare, la neige souvent présente.

C'est une très bonne époque pour chercher les traces de présence du plus grand de nos pics : le pic noir. Il adore les beaux arbres au fût régulier, bien lisse et sans branches basses (il a donc les mêmes goûts que les forestiers et producteurs de bois). Ses loges sont creusées, larges ovales de près de 15 cm de haut, dans un ou deux arbres parmi les plus réguliers. Ce seront ses futurs sites de nidification. Si personne ne coupe « son » arbre, le pic noir peut rester fidèle à sa loge pendant de nombreuses années. Ainsi le nombre

Feuilles de noisetier.
Jean-Claude Laigle.

Le pic noir. Éric Depraetère.

d'arbres forés reste en fait très limité (phrase destinée à rassurer nos lecteurs forestiers qui auraient pu s'inquiéter du début de l'histoire). Par exemple, dans le parc d'Allagnat, sur plusieurs milliers de hêtres, seule une quarantaine présente les loges caractéristiques de l'espèce (certains arbres présentant jusqu'à cinq, six voire neuf loges, laissant le tronc quasiment creux sur plusieurs mètres).

Bien entendu, un certain nombre d'autres espèces vont éviter la crise du logement grâce à ce foreur infatigable : les loges délaissées sont utilisées par des mammifères (martre, écureuil), des oiseaux (pigeon colombin, sittelle torchepot) et par des insectes (abeilles et frelons). Ces oiseaux réapparaissent à la fin d'avril, la sittelle étant une des premières à lancer ses puissants sifflements dans la hêtraie encore sans feuilles. Le pigeon colombin, quant à lui, ne pourra être détecté qu'en restant patiemment au pied des arbres à loges où il va nicher.

L'été amène une voûte de verdure très épaisse, sous laquelle le promeneur qui quitte les sentiers sera vite désorienté, mais pourra toujours écouter le chant mélancolique du pouillot siffleur, grand spécialiste des hêtraies.

Les forêts des cheires, pour les aventuriers amateurs

Sortez les boussoles ! Sur les « cheires », chaotiques vestiges de coulées basaltiques, la forêt a souvent poussé toute seule, car le forestier n'exploite pas intensivement ces secteurs peu commodes, et aux sols très filtrants.

Ce sont de véritables « forêts vierges » très diversifiées par leur végétation : landes de noisetiers, chèvrefeuilles, sorbiers, jeunes hêtres et sapins, entrecoupées de boisements plus âgés de hêtres, épicéas, pins ou trembles. Le sol se recouvre de mousses, mais aussi de plantes caractéristiques en avril et mai : tapis entiers de sceau-de-Salomon, de lis martagon, d'aspérule odorante...

Une guêpe. Gérard Guillot.

La cheire de Eruvaleix. Michel Cramois.

Le daphné (ou bois gentil) montre ses petites et discrètes fleurs roses dès avril en sous-bois. Des bosquets de bouleaux sont les témoins de clairières anciennes.

Pour peu que le promeneur ne craigne pas de sortir des sentiers battus (avec un bon sens de l'orientation nécessaire), la sensation de rentrer dans un milieu naturel très sauvage est réelle. Mais attention, si vous voulez observer mammifères et oiseaux, utilisez vos oreilles ! La plupart des espèces de ces milieux sont en effet très discrètes, vivent cachées dans les branches, et sont difficiles à observer aux jumelles. Par exemple, l'observation des roitelets (que ce soit le roitelet huppé ou le triple-bandeau aux couleurs plus chaudes) nécessite à la fois une bonne dose de chance pour approcher cette petite boule de 5 g, mais aussi une ouïe adaptée aux cris très aigus, et des vertèbres cervicales permettant de rester les yeux pointés à la verticale pendant de longues minutes.

Dans le même style, quoiqu'un peu plus grosses, les mésanges noires ou les mésanges huppées sont parmi les espèces les plus abondantes de ce milieu. La mésange boréale, plus délicate à identifier, se reconnaît surtout à son cri nasillard (une 2 CV qui démarre mal pourrait donner une bonne idée de la performance).

Le bec-croisé des sapins pourra être observé dans les secteurs où épicéas et sapins ont atteint des âges plus que respectables – la lisière est la plus commode pour viser dans les jumelles un oiseau quasiment toujours dans les cimes pour y décortiquer les cônes d'épicéas.

Les cheires sauvages qui étendent leurs vagues végétales et minérales sous le Puy de Dôme, ou dans le secteur du Puy de la Vache, abritent enfin une des plus jolies petites chouettes qui puissent exister : la chouette de Tengmalm. Relicte glaciaire, ce rapace nocturne aux yeux jaunes n'est pas courant, tout au plus une quinzaine de couples sur l'ensemble de la chaîne. Son chant proche d'un ocarina (avec une note flûtée répétitive) retentit le soir en mars et avril. Elle cache sa nichée dans de vieilles loges de pic noir. Instant magique quand, à la « fenêtre » du nid, se montrent des poussins en chocolat avec de grands yeux jaunes ! Grand moment aussi (quoique en général plus frisquet), l'écoute du chant calme de la chouette dans le silence d'une nuit de février.

Le lis martagon. Michel Cramois.

La mésange noire.
Franck Chastagnol.

La lépiote élevée (coulemelle). Alex Clamens.

A traverser très vite : les plantations de conifères

La dernière catégorie de forêts n'est pas la plus intéressante, et serait même plutôt à éviter : les plantations d'épicéas et de douglas ont des impacts plutôt négatifs, tant sur le paysage que sur la diversité écologique : monotonie des couleurs, géométrie des alignements (on peut ne pas aimer...), désert végétal sous le couvert sombre des branches, désert animal également (mis à part quelques courageux rougegorges ou troglodytes ne craignant pas « l'étouffement »).

Les pâturages périphériques, pour les claustrophobes

Au bout d'un moment, les milieux forestiers peuvent lasser, surtout en Chaîne des Puys. Le promeneur cherchant la lumière passera alors en lisière pour rejoindre les zones de pâtures qui encerclent la chaîne.

C'est le royaume de la pie-grièche grise, perchée sur son aubépine, mais aussi du bruant jaune, de l'alouette lulu, des rapaces tels le milan royal, la buse variable ou le faucon crécerelle.

La pie-grièche grise.
Michel Vernaudon.

Les milieux subalpins et rocheux, pour les amateurs de vent

« Subalpin » – littéralement « pas tout à fait les Alpes » – s'applique en fait à quelques sites très limités de la Chaîne au-dessus de 1 200 m d'altitude : Puy de Pariou, Puy de Côme, et surtout le Puy de Dôme. Ce dernier site mérite une visite naturaliste, mais en essayant d'éviter deux écueils : le vent et la fréquentation humaine. Pour le premier, vous ne choisirez pas (évitez quand même les quarante jours statistiques avec vent violent...) ; pour le second, l'idéal est de monter sur le sommet par le sentier des muletiers, assez tôt le matin.

La beccroise des sapins.
Michel Cramois.

La montée par le versant sud permet de traverser des landes rocheuses où vit le bruant fou, avec de nombreux voisins : pouillot fitis, pipit des arbres... Les rochers du sommet abritent deux autres espèces de pipits : le farlouse et le spioncelle (typiquement alpin), mais ces trois espèces se distinguent difficilement : couleur des pattes, cris, chant, sont à analyser patiemment avec un bon guide ornithologique en main. Les antennes qui coiffent le Puy de Dôme accueillent parfois au printemps l'hirondelle de rochers en compagnie de très nombreux et peu farouches rougequeues noirs ou, en hiver, le tichodrome échelette et ses ailes roses. L'accenteur alpin est présent de novembre à avril. Le grand corbeau, nicheur un peu plus au nord, vient fréquemment déguster les restes de pique-nique, du morceau de pomme au quignon de pain. Au début de la matinée, beau spectacle aussi que les milliers de martinets qui montent de Clermont-Ferrand pour venir engloutir les moucherons abondants.

Le pipit des arbres. Jean-Claude Laigle.

Ambiance presque alpestre, avec un paysage unique de volcans sous les yeux, pour l'amateur de sommets : celui du Puy de Dôme est petit, isolé, mais unique par l'ambiance d'île qui s'en dégage.

Ça vous a plu ? Vous reviendrez

Sans que sa visite soit réservée aux initiés, il est vrai que la Chaîne des Puys ne se découvre pas facilement : le randonneur naturaliste devra progressivement parcourir cette immense région en privilégiant les sentiers discrets, en traçant sur la carte des chemins nouveaux.

De nombreux panneaux informatifs présentent les sites majeurs du parc des volcans. Alex Clamens.

Le Parc naturel régional des Volcans d'Auvergne

Créé en 1977, le Parc naturel régional des Volcans d'Auvergne regroupe à présent 153 communes sur 395 000 ha et compte un peu plus de 90 000 habitants. Il englobe les Monts Dôme, les Monts Dore, le Cézallier, le volcan cantalien et le plateau granitique de l'Artense. Les pâturages dominent avec 226 000 ha. Des maisons à thèmes et des centres d'information à Montlosier (Aydat) et au château Saint-Etienne (Aurillac) assurent l'accueil des visiteurs. Le parc participe à la protection de la faune (suivi des migrations d'oiseaux, surveillance d'aires de nidification), réalise des panneaux d'information et de lecture du paysage, édite des guides de découverte. Il participe à la gestion de la réserve naturelle de Chaudefour et gère celle des Sagnes de la Godivelle. Comme tous les parcs naturels régionaux (une spécificité française) et contrairement aux parcs nationaux, le parc des volcans n'est pas un territoire sur lequel s'exerce une réglementation particulière. Il est régi par une charte signée par les collectivités concernées et dont les objectifs sont atteints en utilisant les outils réglementaires usuels dont disposent les élus locaux.

Parc naturel régional des Volcans d'Auvergne
Montlosier, 63970 Aydat
Tél. : 04 73 65 64 00
Fax : 04 73 65 66 78
Mél : parc.volcans@wanadoo.fr

Les Puys de la Vache et de Lossolas avec leurs cratères égueulés.
Catherine Lenne.

Un volcanisme tout jeune à découvrir

La Chaîne des Puys compte près de soixante édifices volcaniques sur une trentaine de kilomètres de long, sur un axe nord-sud parallèle à la faille de bordure de Limagne. L'édification de la chaîne est toute jeune à l'échelle géologique : entre - 35 000 et - 7 000 ans, avec l'essentiel de l'activité de - 13 000 à - 10 000 ans. Ces événements sont donc situés après les éruptions du Sancy et du Cantal, et ils sont largement postérieurs au volcanisme de Limagne à l'ère tertiaire, il y a une vingtaine de millions d'années. Les cônes et dômes volcaniques, hauts parfois de 200 m, ont recouvert le substratum granitique, lui-même à une altitude de 800 à 1 000 m. Seul le Puy de Dôme a atteint plus de 1 400 m de hauteur.
Classiquement, on retrouve en Chaîne des Puys deux types d'édifices : les cônes, dont l'exemple type est le Puy de Pariou, incontournable pour l'amateur de géologie (mais attention, l'accès est difficile, car la zone est privée), et les dômes, avec le Puy de Dôme, le Sarcoui, le Chopine..., bien moins courants. Les premiers sont issus d'une activité strombolienne avec des phases explosives pour la constitution du cône, et des phases de coulées de laves très fluides (basaltes et trachy-andésites). Les dômes proviennent d'un volcanisme différent, à laves beaucoup moins fluides (trachytes), sans coulées, mais avec des phases explosives parfois violentes de type nuées ardentes.
Certaines coulées, extrêmement vastes, ont donné ce que l'Auvergnat appelle les « cheires », caractérisées par leur surface chaotique, due à l'accumulation de projections sur la lave encore liquide ou à une solidification en surface, cassée ensuite par le magma encore liquide en profondeur. Cette surface accidentée les rend impropres à l'agriculture et explique qu'elles soient couvertes de forêts.
Dans certaines cheires, des cavités se sont formées, donnant des grottes plus ou moins grandes. Certaines conservent par microclimat de la glace jusqu'en été (les « trous à glace »).

Le Puy de Tunisset à moitié exploité.
Jean-Jacques Lallemant.

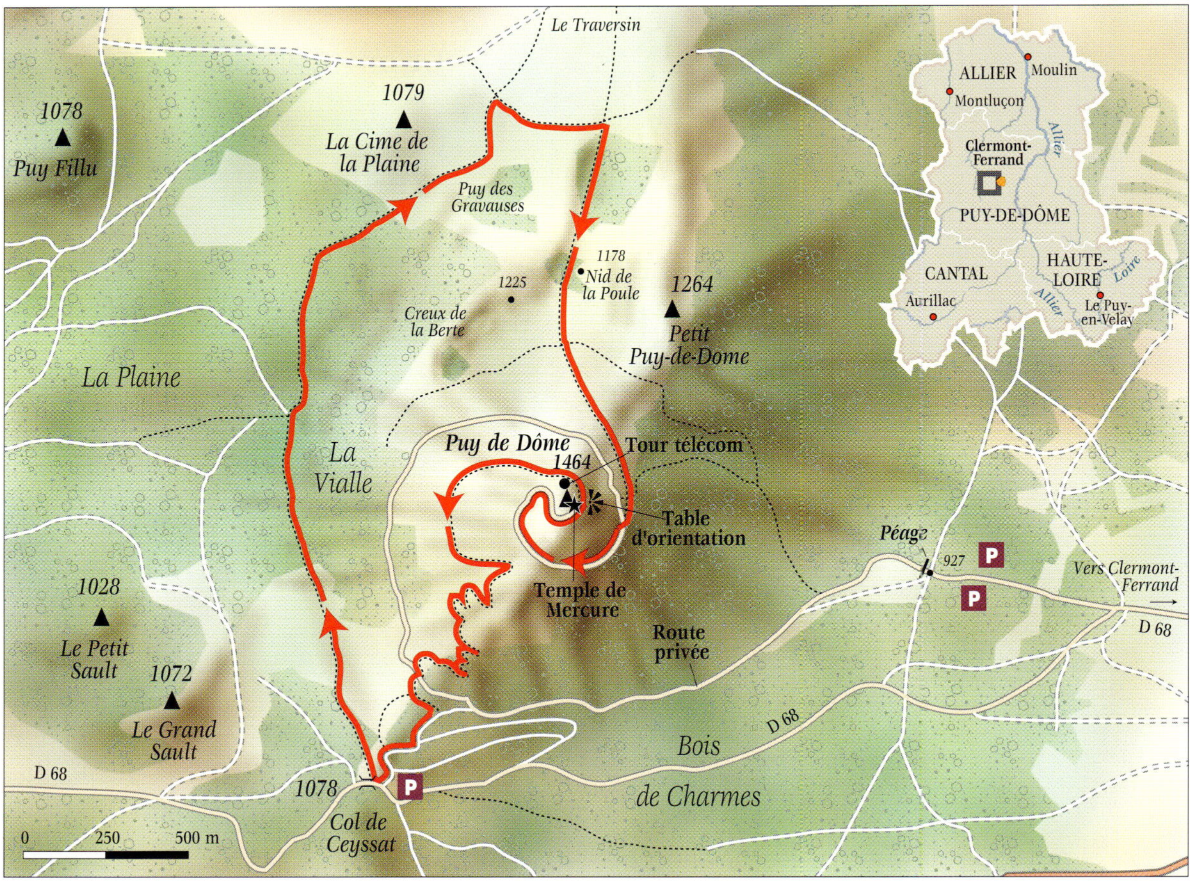

DÉCOUVERTE : LE PUY DE DÔME

Le rougequeue noir.
Franck Chastagnol.

Incontournable ! A gravir en hiver pour le paysage enneigé et l'absence du public au sommet (route fermée), au printemps et en été pour la flore et les paysages sur les volcans, enfin à l'automne pour les couleurs forestières...

La montée, puis la redescente simple par le « chemin des muletiers » à partir du col de Ceyssat, est une solution rapide qui prend environ deux heures. Mais le circuit présenté ci-contre est moins direct et mérite une bonne demi-journée de randonnée (6 km au total, mais fort dénivelé), et pourquoi pas la journée complète pour le naturaliste qui marche parfois à genoux pour faire de la botanique, ou le nez en l'air pour voir les oiseaux...

Accès

De Clermont-Ferrand, prendre la D 941A en direction du Puy de Dôme puis poursuivre sur la D 68 en direction de Ceyssat et se garer au col de Ceyssat.

Circuit N° 3

On peut commencer le circuit de manière douce en prenant la PR du col de Ceyssat, à côté de l'auberge des Grosmanaux, sentier qui suit la courbe de niveau sur le flanc ouest du Puy de Dôme. On traverse pendant le premier kilomètre une belle petite hêtraie encombrée de noisetiers, très sombre, où le pouillot siffleur chante de mai à juin. On débouche ensuite sur une lande piquetée de noisetiers où le pouillot fitis et de nombreuses fauvettes s'époumonent au printemps, et où les chevreuils sont fréquemment visibles. Le sentier monte ensuite progressivement jusqu'au « Nid de la Poule », épaulement de terrain qui amène au Petit Puy de Dôme et à son grand frère.

La montée sur le versant nord s'effectue dans les bruyères et landes herbacées où volent au milieu des gentianes les alouettes lulus, alouettes des champs, pipits farlouses et pipits des arbres. Un troisième larron, le pipit spioncelle, est présent dès 1 300 m, aux premiers rochers. Au sommet, au milieu des rougequeues noirs, l'hirondelle de rochers niche certaines années sous l'antenne, et le grand corbeau fait des passages réguliers. Evidemment, l'observation des formations géologiques des cônes volcaniques tout proches depuis le sommet est un grand moment : Puy Pariou, Puy de Côme, mais aussi le Sarcoui et son sommet arrondi de volcan en dôme. Coup d'œil aussi aux ruines du Temple de Mercure et au massif du Sancy.

La redescente côté sud par le chemin des muletiers permet d'observer le bruant fou, ou même le merle à plastron en lisière supérieure de la forêt. Guettez le papillon apollon sur les hauts de pentes ! Ou même le chamois (quelques individus sont parfois égarés depuis le Sancy).

Faire le circuit en sens inverse en été (sentier des muletiers en premier) est plus rude au démarrage, mais permet au randonneur matinal d'être avant 10 heures le matin au sommet (donc avant la grande fréquentation par le public) et passer l'après-midi au nord, dans les ombrages des landes boisées... A vous de choisir !

L'apollon. Jean-Claude Laigle.

Le Puy de Dôme en hiver. Michel Cramois.

Le domaine de l'herbe

Les vastes plateaux bosselés du Cézallier, de l'Artense, des Planèzes et de la haute Combraille sont le domaine de l'herbe et des troupeaux de Salers et d'Aubrac. Races pourtant adaptées à ces prairies d'altitude, elles sont aujourd'hui souvent remplacées (ou croisées) par des races plus classiques à viande (Charolaise) ou laitières (Montbéliarde).

Progressivement, ces grands espaces y perdent un peu de leur âme et de leur originalité. Situés entre 1 000 et 1 500 m d'altitude, ces plateaux originellement couverts de forêts ont été pratiquement déboisés dès l'Antiquité, mais surtout au Moyen Age. La forêt reste aujourd'hui contenue par l'activité pastorale. Le maintien de ces herbages est fragile car il dépend de la poursuite des pratiques actuelles (plutôt même celles des dernières décennies) et se situe entre augmentation de la productivité, qui banaliserait ces espaces, et déprise agricole, qui les fermerait.

Un socle hercynien ou volcanique

Sous un sol apparemment homogène, ces massifs se répartissent en deux ensembles bien typés : d'un côté l'Artense et les Combrailles, de l'autre le Cézallier et les Planèzes. Pour les premiers, il s'agit de granites du socle hercynien datant de 360 à 450 millions d'années, qui donnent des sols pauvres produisant des herbages de piètre qualité. Pour les seconds, bien plus jeunes (2 à 20 millions d'années), l'absence d'édifices volcaniques visibles rend leur origine peu perceptible au premier abord. Principalement composées de basaltes, laves très fluides du fait d'une faible teneur en silice et en alcalins, les coulées se sont épanchées sur de très larges surfaces, donnant ces paysages caractéristiques où l'altitude varie peu. Elle atteint néanmoins 1 555 m au Signal du Luguet.

Les cours d'eau, en creusant des gorges profondes, leur donnent du relief sur leurs marges et offrent de nombreux abris aux rapaces qui viennent chasser sur les hauteurs. C'est le domaine du milan royal et, dans une moindre mesure, du milan noir que l'on rencontre en nombre lors de la fauche. A cette époque, ils survolent inlassablement les prairies à la recherche des campagnols mis à découvert par les rotors des

Une vache Salers et son veau.
Jean-Claude Laigle.

Le milan royal. Romain Riols.

Le milan royal. Romain Riols.

Le traquet motteux. Jean-Claude Laigle.

faucheuses. Plus tard en saison, on les retrouve sautillant à la poursuite des sauterelles et criquets, abondants au cours de l'été. Les busards Saint-Martin et cendré survolent à quelques mètres du sol les prairies à la recherche d'un micro-mammifère ou d'un invertébré. Une fois la proie capturée, les busards vont parcourir jusqu'à une dizaine de kilomètres pour nourrir leurs jeunes, tapis au sol dans une lande.

Le pays des grands espaces

Arrivé en nombre au début du mois de mai, le tarier des prés se fait entendre de loin, perché sur un piquet de clôture. Avec des densités de deux à cinq couples aux 10 ha, il caractérise ces herbages de montagne (surtout les prairies de fauche grasses et bien arrosées) depuis que les pratiques agricoles intensives l'ont fait disparaître des plaines. Mais aujourd'hui il se trouve aussi menacé et en régression dans ses bastions par la modification des pratiques agricoles qui gagne aussi les zones d'altitude : ensilage, fauche précoce, amendement et artificialisation des prairies.

L'alouette des champs domine largement l'ambiance sonore du printemps, accompagnée dans les zones plus rases et parsemées d'arbres ou de buissons par l'alouette lulu, les pipits des arbres et spioncelle et la pie-grièche écorcheur dont les densités sont encore élevées en Auvergne. Le mâle de cette dernière espèce, reconnaissable à son bandeau noir, se perche en évidence au sommet d'un buisson ou sur le piquet d'une clôture.

Là où les murets de pierres sèches encadrent le parcellaire, le traquet motteux devient très présent. La caille des blés, qui se fait entendre à partir du mois de mai, y est régulière, tout comme la belette et l'hermine dont les populations fluctuent en fonction de celles du campagnol terrestre. Avec la disparition des

haies et de la polyculture de montagne (seigle et blés étaient cultivés au début du siècle à plus de 1 000 m), les populations du rat taupier subissent de très fortes variations. Ses effectifs peuvent augmenter jusqu'à des densités spectaculaires de plus de huit cents individus à l'hectare et provoquer alors la quasi-disparition de l'herbe des prairies sur de grandes surfaces qui ne peuvent plus être fauchées. Une fois atteint un certain niveau, les populations de rongeurs s'effondrent et le cycle recommence. Renard, buse variable, grand duc d'Europe participent aussi à la régulation de cette espèce sans pour autant avoir la capacité d'enrayer son explosion démographique, une fois celle-ci lancée.

La vie s'estompe progressivement à l'arrivée du froid et des premières gelées autour du 20 septembre. Les oiseaux quittent ces lieux devenus inhospitaliers pour gagner des contrées plus clémentes qui peuvent se situer en plaine. L'hiver se prolonge tardivement sur les hauts plateaux et les frênes omniprésents dans les haies composées d'arbres de haut jet ne mettent pas leurs feuilles avant la fin de mai. Protégé des vents dominants, l'habitat humain est plutôt regroupé dans des hameaux. Les maisons basses aux murs épais sont recouvertes de lourds toits de lauze. Les toits de chaume, non entretenus, ont aujourd'hui disparu. Ces hameaux apportent un peu de diversité en permettant l'installation d'oiseaux communs.

De nombreux troupeaux pâturent les herbages d'altitude. Catherine Lenne.

Le tarier des prés. Franck Chastagnol.

Un buron est un habitat d'estive. Jean-Claude Laigle.

Les sphaignes. Michel Cramois.

Les tourbières

Ces vastes ensembles prairiaux représentent chacun plusieurs centaines de kilomètres carrés (600 pour le seul Cézallier) dont la monotonie constitue l'un des attraits paysagers. Pourtant, ils accueillent ponctuellement des milieux très originaux et rares en France : les tourbières. En Auvergne, elles sont souvent de petite taille mais peuvent parfois atteindre plusieurs dizaines d'hectares. Les conditions sont ici réunies pour permettre la formation de cette « roche végétale » qu'est la tourbe : très forte pluviométrie, cuvette imperméable, faible évapotranspiration. Ces sols en permanence saturés d'eau, dans un environnement acide et sous un climat froid, ne permettent plus la décomposition de la matière organique qui s'accumule alors progressivement, formant une couche peu ou pas décomposée. La tourbe se forme principalement par accumulation de mousse (les sphaignes) qui peuvent contenir jusqu'à trente fois leur poids en eau. Les tourbières se sont créées au cours des millénaires dans des cratères de maar, des fonds de vallées humides et surtout dans des dépressions creusées par les glaciers du Quaternaire. Dans ces milieux très peu minéralisés où la décomposition des végétaux est stoppée, les grains de pollen piégés dans la tourbe permettent de reconstituer la végétation et donc le climat des dix derniers millénaires. Les tourbières, représentant moins de 3 000 ha en Auvergne, accueillent de nombreuses espèces de plantes qui ont trouvé là un refuge après le retrait des glaciers. Devenues des relictes glaciaires, certaines ont le statut d'espèces protégées. Quelques-unes sont particulièrement rares comme la ligulaire de Sibérie dont les plus grosses stations françaises se rencontrent dans quelques rares sites d'Auvergne. Citons aussi le bouleau nain et le saule des Lapons. Inféodés aux plantes des tourbières, quatre papillons ont le statut d'espèce protégée : le damier des ma-

rais, le nacré de la canneberge (sa plante nourricière), l'azuré des mouillères, qui utilise la gentiane pneumonanthe pour pondre ses œufs, et le cuivré de la bistorte dont la chenille vit sur la renouée bistorte. Sur la trentaine d'espèces de libellules rencontrées dans les tourbières, trois sont particulièrement rares : la leucorrhine à gros thorax, la leucorrhine douteuse et l'agrion à lunules, connus en France uniquement sur les lacs-tourbières d'Auvergne. Quant au lézard vivipare et à la vipère péliade, adaptés au climat froid, ils se sont réfugiés dans ces zones de montagne et se rencontrent régulièrement dans les tourbières.

Milieu fragile, très sensible aux perturbations, de nombreuses tourbières ont été dégradées voire détruites ces dernières décennies par les activités humaines. Exploitation de la tourbe (parfois à l'échelle industrielle), drainage et assèchement pour créer de nouvelles pâtures, plantation de résineux (qui d'ailleurs végéteront sans produire aucune richesse économique), utilisation en décharges ou comme collecteur des eaux usées sont les maux malheureusement les plus courants. Des programmes de conservation lancés cette dernière décennie et la prise de conscience de leur intérêt patrimonial ont inversé la tendance, même s'il reste beaucoup à faire.

Le leste fiancé.
Michel Cramois.

Le renard roux. Philippe Busser.

La gentiane pneumonanthe. Michel Cramois.

Exploitation de la tourbe. Jean-Jacques Lallemant.

Les lacs

Les tourbières bombées n'ont que peu d'attrait pour les oiseaux, si ce n'est pour le pipit farlouse. Cela est moins vrai sur les lacs-tourbières où la présence d'eau libre et la végétation rivulaire composée de prêle et de laiche filiforme favorisent les oiseaux d'eau. Le lac de Bourdouze (Puy-de-Dôme) ou le Jolan (Cantal) sont par exemple des sites particulièrement intéressants pour le naturaliste. Canard colvert, foulque macroule, poule d'eau et grèbe castagneux animent la surface de l'eau tandis que râle d'eau, bécassine des marais, marouette ponctuée, vanneau huppé et bruant des roseaux

font retentir leurs chants dans les herbiers ondulant sous le vent. Quelques couples de fuligule milouin se reproduisent jusqu'à 1 180 m d'altitude sur des lacs de six ou sept localités du nord du Cantal et deux colonies de mouettes rieuses, totalisant dix à vingt couples, nidifient jusqu'à 1 220 m dans l'est de ce département. Quant au héron cendré, une colonie existe à 1 040 m dans l'Artense.

Les conditions nécessaires à la formation des tourbières n'ont pas été réunies partout. Lacs, étangs et bas-marais se rencontrent aussi en nombre sur ces surfaces largement arrosées par les pluies atlantiques. Il tombe en effet de 1 000 à 2 000 mm d'eau par an sur ces contrées, plus fortement sur la partie occidentale. Les lacs et étangs des Combrailles, dont le substrat granitique ne favorise pas les ceintures de végétation aquatique, n'ont qu'un intérêt limité pour la flore et la faune. En période de migration, ils accueillent néanmoins de nombreux oiseaux (canards, grèbes, hérons, balbuzard pêcheur) qui s'y arrêtent pour un repos bien mérité mais de courte durée. La loutre y a trouvé refuge alors qu'elle était pourchassée, partout en France, par les pêcheurs qui lui reprochaient de prélever « leur » poisson. La protection obtenue en

Le lac de Bourdouze.
Catherine Lenne.

Loutre d'Europe. Alain Charreyron.

1976 lui a permis de reconquérir ces milieux à partir du bastion que constituaient le Limousin et les Combrailles. Mais rares sont ceux qui auront le plaisir de voir le sillon provoqué, à la surface de l'eau, par le corps fuselé de ce mustélidé aux mœurs discrètes et nocturnes. Par contre, il est plus facile de trouver ses épreintes (crottes à l'odeur d'huile de lin) qu'elle dépose sur des rochers bien en évidence pour marquer son territoire. Une plaque de vase permet parfois de découvrir son empreinte caractéristique, composée de cinq doigts palmés, laissée lors de son passage nocturne en quête d'un batracien ou d'un poisson.

Le fuligule milouin. Éric Depraetère.

Un marais d'exception

La Planèze de Saint-Flour, du fait de la planéité de son relief et de l'imperméabilité des substrats, alliées à un régime hydrique marqué par la fonte des neiges et la pluviométrie de fin d'hiver, réunit les conditions d'existence d'un réseau très développé de zones humides. Etangs, marais, prairies humides, prairies à humidité périodique totalisent environ 3 800 ha en plusieurs ensembles. Les zones humides au

La grenouille rousse. Gilles Hanula.

sens strict ne représentent pas plus de 650 ha, mais sont pour l'Auvergne une richesse particulière compte tenu des surfaces concernées et des espèces d'oiseaux rares et menacés que l'on y rencontre.

La faible productivité des marais de montagne a été un utile rempart contre les dégradations anthropiques, souvent aidée par la nature du foncier. Une des originalités de l'Auvergne est la présence de terrains sectionaux propriétés des habitants d'un hameau (une section de la commune). Inaliénables, indivisibles, leur exploitation économique est un vrai casse-tête car les décisions se prennent à l'unanimité des habitants de la section. Ainsi le marais de Lascols, avec ses 102 ha, a été préservé des aménagements lourds. Tant lors de la migration que durant la reproduction, ces zones restent des lieux d'accueil particulièrement attractifs et visités par l'ensemble de l'avifaune aquatique. Dès le mois de mars, alors que la froidure de l'hiver fige encore la végétation, des milliers de vanneaux huppés accompagnés de pluviers dorés font une halte migratoire sur les prairies gorgées d'eau hivernale.

La barge à queue noire.
Éric Depraetère.

Un rat musqué et sa hutte. Jean-Claude Laigle.

Une mouette rieuse en plumage nuptial. Alex Clamens.

Séjournant quelques jours, ils repartent par vagues de centaines d'individus vers leur aire de reproduction située plus au nord de l'Europe. En moins grand nombre, chevaliers, barges, canards et sarcelles les accompagnent ou les suivent sur des sols qui perdront au fil des mois leur hygrométrie, et donc leur intérêt. Avril et mai sont les mois où s'installent les nicheurs, plus tardivement qu'en plaine du fait du retard de la végétation. Les marais s'animent alors de mille cris et chants parmi lesquels on distingue l'alarme plaintive du vanneau huppé et le chant roulé du courlis cendré qui trouvent ici les conditions favorables à leur reproduction. Les huttes de rat musqué, originaire d'Amérique du Nord, se sont multipliées et ont égrené le marais comme autant de promontoires qu'utilisent canards et mouettes rieuses mais les populations de ce rongeur diminuent

La bécassine des marais. Alain Charreyron.

Le hibou moyen duc.
Franck Chastagnol.

à présent beaucoup. Dans les herbiers, la bécassine des marais et la marouette ponctuée se font entendre à la nuit tombante, leurs voix parfois couvertes par le chant du râle d'eau.

A la périphérie des marais, dans les rares petits bois de pins sylvestres, le hibou moyen duc et le faucon hobereau s'installent dans un vieux nid de corvidés. A partir du mois d'août, le ballet des busards commence à la tombée de la nuit. Arrivant à l'unité, par deux ou trois, de toutes les directions, des dizaines de busards cendrés, Saint-Martin et des roseaux se retrouvent pour passer ensemble la nuit dans quelques lieux privilégiés de la planèze. Ces dortoirs dureront jusqu'aux gelées automnales. Durant l'hiver, alors que la vie semble s'être arrêtée par l'arrivée du gel, quelques hiboux des marais hantent les lieux, accompagnés des derniers busards Saint-Martin.

La rossolis à feuilles rondes. Michel Cramois.

Les plantes carnivores

Comme presque tous les végétaux, les plantes carnivores produisent leur matière organique grâce à la photosynthèse, en utilisant l'énergie de la lumière pour fixer le dioxyde de carbone de l'air ; elles prélèvent aussi dans le sol des sels minéraux qui leur apportent des éléments indispensables comme l'azote. Elles se singularisent cependant par leur capacité à capturer des animaux de petite taille, ce qui leur permet de coloniser des milieux comme les tourbières, que l'acidité de l'eau, défavorable aux bactéries, rend pauvres en éléments nutritifs, en particulier l'azote. Dans les tourbières auvergnates, au milieu des sphaignes, on rencontre trois espèces de rossolis (Drosera) : le rossolis à feuilles rondes, la plus commune, le rossolis à feuilles longues et le rossolis à feuilles intermédiaires, plus localisée. Leurs feuilles sont hérissées de glandes pédonculées. Ces glandes sécrètent des substances qui ont trois propriétés vis-à-vis des insectes : elles les attirent en rendant la feuille brillante au soleil (d'où leur autre nom de rosée du soleil), les engluent une fois qu'ils sont posés et contiennent des enzymes qui les digèrent. Les feuilles ont également la propriété de se replier sur leur proie, favorisant sa capture et sa digestion.
Les deux espèces de grassettes, ou pinguicules (Pinguicula), la pinguicule commune et la pinguicule à grande fleur, se développent dans les tourbières de pente d'Auvergne, la deuxième espèce étant restreinte aux Monts du Forez. Elles capturent les insectes sur leurs feuilles en rosette qui portent deux types de glandes : des glandes pédonculées qui capturent la proie et des glandes sessiles qui sécrètent les enzymes digestives. La sécrétion d'enzymes par les glandes digestives est déclenchée par le contact d'une proie et dure environ une heure, davantage si la proie est volumineuse. Contrairement aux rossolis, les feuilles des grassettes n'ont pas la capacité de se replier.

La pinguicule (grassette) à grande fleur. Michel Cramois.

DÉCOUVERTE : LA RÉSERVE NATURELLE DES SAGNES DE LA GODIVELLE

A 1 200 m d'altitude, sur les plateaux du Cézallier, la réserve naturelle des Sagnes de la Godivelle protège 24 ha de tourbières. Etablie sur des terrains appartenant à l'Etat, elle est morcelée en deux parties distinctes d'accès interdit et présente surtout un intérêt botanique et entomologique. Cette réserve est gérée par le Parc naturel régional des Volcans d'Auvergne. Trois espèces végétales protégées au niveau national (ligulaire de Sibérie, andromède et laîche des tourbières) et une espèce protégée au niveau régional (saule bicolore) poussent là aux côtés des célèbres rossolis. Dix-neuf espèces de libellule ont été répertoriées. Des animations sont proposées et un centre d'accueil existe dans le bourg de la Godivelle. Un télescope permet d'observer les foulques macroules et les grèbes huppés présents sur le lac. Le centre de découverte des tourbières (Centre Rossolis), situé à Saint-Alyre, à 3 km de la Godivelle, propose exposition, documentation, visites guidées et un sentier sur ponton avec table de lecture.

Centre Rossolis
Tél. : 04 73 27 56 57

La laîche des tourbières.
Gérard Guillot.

Les Sagnes de la Godivelle.
Alex Clamens.

Le grèbe huppé. Michel Cramois.

Le saule bicolore. Gérard Guillot.

DÉCOUVERTE : LA NARSE DE LASCOL

La narse de Lascol est le plus vaste des marais de la Planèze de Saint-Flour et celui qui a conservé le caractère le plus naturel. Le site bénéficie d'un arrêté de protection de biotope. La circulation à l'intérieur du site est à proscrire. Les meilleures conditions d'observation sont tôt le matin et en fin d'après-midi. L'itinéraire, qui s'effectue en terrain humide, demande environ une heure et demie.

Accès

Sur la D 921 de Saint-Flour à Chaudes-Aigues, prendre la D 57 à la hauteur des Ternes en direction de Cussac. Avant le village, laisser à droite la direction de Lascols pour stationner après le pont à gauche sur l'esplanade de la Croix.

Circuit N° 4

En passant par le vieux pont, cherchez les épreintes de loutre qui fréquente régulièrement la rivière. A l'arrière-plan du marais, les grandes landes à callune et à touradons de carche sont le domaine des rapaces avec de grands rassemblements postnuptiaux de busards. Le hibou des marais s'observe en hivernage, les faucons hobereau et kobez en migration au début de mai. C'est

là qu'il faut chercher les courlis cendrés à leur chant au printemps. Arrivé à la croix, à l'entrée de Lascols, prenez le long de la narse une sente très humide (bottes souvent indispensables) qui longe une murette (hermine, tarier des prés, fauvette grisette). Elle vous amènera le long du grand lac où au milieu des laîches et des prêles, vous verrez aller et venir sarcelles d'été et d'hiver et tous les canards et limicoles de passage.

Vers le fond, les vasières largement inondées sont le royaume des bécassines des marais (en avril), des vanneaux huppés et de tous les chevaliers. La marouette ponctuée y occupe son site de nidification le plus régulier en Auvergne et y chante dès la fin du jour durant tout le printemps. Le passage d'un busard des roseaux est l'occasion d'apprécier la richesse de vie entre les îlots de massette. A partir de là, ne poursuivez pas plus avant. Empruntez un ancien chemin cerné de murettes qui rejoint une voirie agricole d'où vous dominerez le marais et rejoignez le village.

Le courlis cendré.
Éric Depraetère.

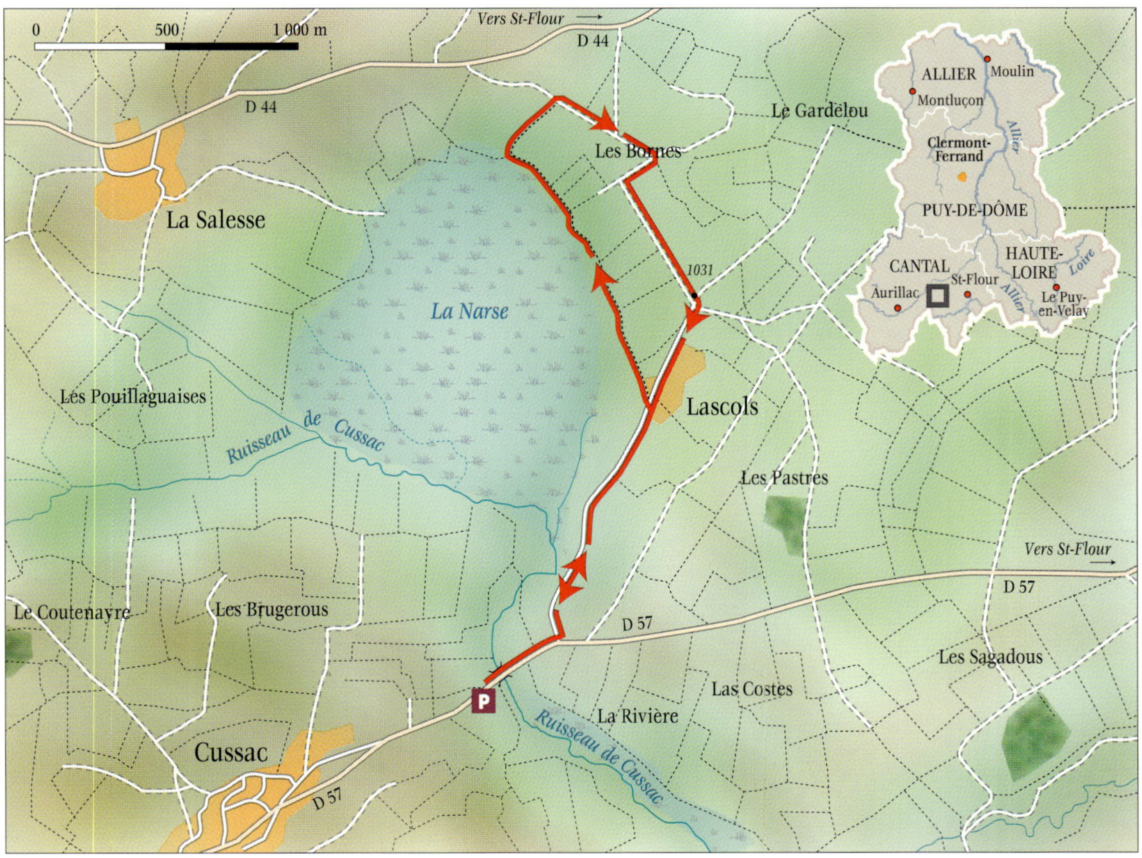

Les plus hauts sommets

Les premières lueurs du jour viennent rebondir sur les crêtes rocheuses du Peyre Arse. Un chamois déboule d'un massif de fougères. Le Plomb s'affiche, maître de cérémonie, et aux pentes du Griou à la rudesse minérale répondent celles tout aussi abruptes du Mary, tout proche. Bientôt, les criquets entonneront, inlassables, leurs mélodies mécaniques. Loin au nord, la brume laisse percer les sommets bleus du Sancy : des îles dans un océan de nuages...

Une histoire de feu et de glace

C'est à une longue activité volcanique, commencée il y a 20 millions d'années dans les Monts du Cantal et achevée il y a tout juste 250 000 ans dans les Monts Dore, que l'Auvergne doit le privilège de ne pas se limiter à une pénéplaine monotone, entaillée çà et là par quelques gorges encaissées. Ces grands édifices (avec 2 500 km^2, le Cantal est le plus grand stratovolcan d'Europe) se sont construits en plusieurs phases éruptives, plus ou moins violentes, entrecoupées de périodes de calme parfois longues. En plus des grandes coulées de lave fluide et des extrusions en aiguille ou en dôme, ces reliefs résultent de l'accumulation de matériaux meubles éjectés par l'activité volcanique explosive. Ceux-ci ont parfois été emportés ultérieurement par des coulées boueuses ou l'effondrement des flancs du volcan : les géologues parlent alors d'activités pyroclastiques. Lors des épisodes de refroidissement climatique du Quaternaire, le dernier datant d'environ 15 000 ans, les volcans du Cantal et des Monts Dore se sont couverts de calottes de

Le dyke volcanique de la dent de la Rancune, vallée de Chaudefour, massif du Sancy. Catherine Lenne.

La silhouette typique du Puy Griou dans le massif du Cantal. Jean-Claude Laigle.

Le chamois. Michel Cramois.

La gentiane printanière. Jean-Claude Laigle.

glace. Les langues glaciaires ont alors entamé un long labeur, entaillant les flancs, creusant des cirques majestueux, comme celui de la Fontaine salée dans les Monts Dore ou de l'Impradine dans le Cantal, donnant aux vallées leur forme en auge caractéristique et permettant par des surcreusements locaux l'accumulation d'eau à l'origine de lacs et de tourbières. Puis, la pluie s'est mise à l'œuvre sur les restes de ces vieux édifices, dégageant peu à peu les coulées de lave, les cheminées et les filons de leur enrobage de projections plus tendres, conférant par exemple aux sommets du Sancy ou du Puy Mary leur aspect déchiqueté, où les solides filons de lave émergent au milieu de pentes instables de matériaux pyroclastiques. Le résultat de cette longue histoire est là : de hauts sommets rocheux qui se dressent au milieu de vastes plateaux herbeux.

Le trèfle des Alpes.
Michel Cramois.

Une ambiance alpine en terre d'Auvergne

Ces crêtes découpées, aux pentes souvent abruptes, qui dominent les plateaux environnants de 800 à 1 000 m, connaissent des conditions climatiques rigoureuses, souvent balayées par des vents violents, longuement enneigées en hiver. Le massif des Monts Dore culmine modestement à 1 885 m au Puy de Sancy, plus haut sommet du Massif central, et le Plomb du Cantal atteint quant à lui 1 832 m. Mais le promeneur retrouve ici des ambiances que les Alpes et les Pyrénées connaissent à des altitudes bien supérieures lorsque, à la belle saison, le trèfle des Alpes, la raiponce hémisphérique, la gentiane printanière, l'anémone soufrée, la pulsatille blanche, la benoîte des montagnes et la soldanelle fleurissent sur les pelouses subalpines. Dans les vallons humides et frais,

L'anémone soufrée. Jean-Claude Laigle.

les peuplements impénétrables d'herbes géantes des mégaphorbiaies, où résonnent les chants du troglodyte et de la fauvette des jardins, associent la diversité de couleur des fleurs de l'adénostyle, du doronic d'Autriche, de la laitue des Alpes, des aconits, des astrances et du lis martagon. Un naturaliste ne sera donc pas trop surpris de rencontrer sur ces crêtes un oiseau comme l'accenteur alpin, dont les éboulis et les rochers sommitaux de chacun des deux grands volcans abritent quelques couples. Il fréquente ici des niveaux inférieurs de 500 à 1 000 m à ceux qu'il affectionne dans les Alpes et les Pyrénées, mais il les quitte en hiver pour rejoindre de plus basses altitudes. Il voisine avec le merle de roche, l'un des plus beaux oiseaux d'Auvergne, visiteur d'été de ces hautes terres et dont il affectionne les pentes herbeuses entrecoupées de rochers. De même, les chants qu'égrènent les pipits spioncelles au-dessus des prairies, mêlés à celui des infatigables alouettes des champs, recréent l'ambiance sonore des pelouses de l'étage alpin, tout comme la présence du traquet motteux, dès que des blocs rocheux, des murets ou même des burons, parsèment ces alpages auvergnats. Deux reptiles sont à signaler sur ces landes

L'aconit. Jean-Claude Laigle.

La vallée de la Fontaine salée dans le massif du Sancy.
Alex Clamens.

d'altitude : le lézard vivipare et la vipère péliade, présente au-dessus de 800 m d'altitude dans les Monts Dore et le Cantal.

En introduisant la marmotte et le chamois, dans une moindre mesure le mouflon, plus méditerranéen, l'homme a complété l'assortiment des espèces alpines. Trois lâchers de mouflons ont été réalisés sur le Sancy (1956, 1960 et 1979) et dans le Cantal (1959, 1960 et 1966). Les populations actuelles sont aujourd'hui, respectivement sur chaque massif, d'environ quatre cents et cinq cents individus. Quarante-cinq chamois ont été libérés entre 1976 et 1978 dans le Cantal, donnant une population de cinq cents à six cents têtes. En 1989, ils ont colonisé spontanément le Sancy, avec aujourd'hui de quatre-vingts à cent individus. Le mouflon, originaire des maquis méditerranéens, apprécie les zones escarpées sur sol sec, sans rechercher particulièrement les rochers. Le chamois, habitant des pelouses alpines au-dessus de 1 800 à 2 000 m dans les Alpes et les Pyrénées, est très à l'aise sur la neige et escalade aisément les zones rocheuses. Le mouflon et le chamois sont chassés dans les deux massifs. Il ne reste plus qu'à espérer que les aigles royaux, d'observation de plus en plus fréquente et pour des périodes de plus en plus longues sur ces massifs, choisissent quelque falaise pour bâtir leur aire monumentale afin d'y élever leurs jeunes. Ils mêleront alors leurs orbes à celles des nombreuses buses, du circaète et du milan royal dont les nids sont dissimulés dans les forêts voisines.

Sur ces hautes terres, la rudesse du climat limite naturellement l'extension de la forêt en altitude et participe à cette ambiance alpine. Mais c'est l'activité humaine, présente ici dès le néolithique, qui a eu raison de l'essentiel de la couverture forestière, sans doute à partir de l'Antiquité, afin de faire pâturer les troupeaux. Si ces derniers sont toujours là, producteur de lait pour les grandes fourmes de Cantal et les saint-nectaire à pâte molle, leur nombre a décru depuis le début du XXe siècle et nombre de burons sont de nos jours inoccupés, témoins d'un passé révolu. Les pâturages se ferment, envahis par les buissons et les arbustes. Mais ces nouveaux milieux sont immédiatement occupés par de nouvelles espèces d'oiseaux : fauvette grisette et accenteur mou-

Le pipit spioncelle.
Christophe Sidamon Pesson.

A droite
L'accenteur alpin.
Éric Depraetère.

A gauche
Le merle de roche.
Christophe Sidamon Pesson.

chet dans les grandes étendues de genêts purgatifs, merle à plastron dans les lisières forestières, là où les jeunes conifères, les saules mais aussi les sorbiers et les sureaux pourvoyeurs de fruits, parsèment de grasses prairies riches en lombrics. Sur le long terme, ces espèces apparaissent comme les témoins d'une reconquête forestière, d'un état transitoire de la végétation, destiné à disparaître avec elle devant le retour de la forêt partout où les éleveurs abandonneront les pâturages d'altitude.

Le rocher n'est jamais bien loin

Les nombreuses falaises des deux grands volcans, bordures de coulées de basalte, filons ou cheminées dégagés par l'érosion, dômes entaillés par les glaciers, procurent aux oiseaux rupestres la sécurité nécessaire à leur nidification. Aux côtés du crécerelle, toujours commun ici, le faucon pèlerin y a trouvé refuge dans les années 1960-1970, au moment où persécutions et pesticides avaient réduit sa population à quelques couples isolés. Il y cohabite plus ou moins calmement

Les lisières forestières permettent l'installation du merle à plastron.
Jean-Jacques Lallemant.

avec le grand corbeau qui a reconquis ces espaces d'altitude dans les trente dernières années et dont les « rok rok » graves résonnent sur les falaises de basalte. Jusqu'à 1 200 à 1 300 m d'altitude, le grand faucon doit prendre garde à un autre voisin redoutable pour ses poussins, voire pour lui-même, durant son sommeil la nuit sur une vire rocheuse : c'est le grand duc d'Europe, dont les populations, elles aussi en augmentation, peuvent localement compromettre le maintien des pèlerins sur certains sites. Quelques colonies d'hirondelles de rochers voisinent avec ces seigneurs des falaises. De retour dès février quand les conditions climatiques le permettent, elles construisent leur nid de boue sous des rebords rocheux jusqu'à 1 600-1 650 m d'altitude mais ne dédaignent pas, et apparemment de moins en moins, les constructions humaines, comme l'église du Falgoux dans le massif du Cantal ou des immeubles modernes de la station de ski de Super Lioran. En hiver, mais parfois en été, le vol papillonnant du tichodrome, éclair rouge sur le noir du basalte, confère à nouveau une ambiance alpine aux sommets auvergnats. C'est une espèce à rechercher qui a déjà niché à deux reprises dans la vallée de Chaudefour, sur le versant est du Mont Dore.

À gauche
La roche tuilière. Michel Cramois.

Le faucon pèlerin. Romain Riols.

Plus bas, le domaine de la forêt

Les flancs ouest de ces grands volcans auvergnats bloquent les perturbations atlantiques lors de leur progression vers l'est. Ils sont en conséquence abondamment arrosés et la pluviométrie sur les hauts sommets dépasse localement les 2 000 mm par an. Entre 800 et 1 400-1 500 m d'altitude, cette humidité du climat permet le développement de la hêtraie, plus ou moins mêlée de sapins, caractéristique de l'étage montagnard des botanistes. Les lichens épiphytes y sont abondants ; la scille lis-jacinthe y développe au printemps ses épis bleus. C'est le royaume des grands mammifères comme le chevreuil, le cerf et le sanglier, du pic noir, de la chouette de Tengmalm, de l'autour, du grimpereau des bois.

Les grands aménagements perturbateurs

La ressemblance de ces montagnes d'Auvergne avec les Alpes et les Pyrénées est telle que l'homme y a transposé le même mode de développement économique. Profitant de l'enneigement naguère important, des stations de ski alpin se sont implantées, avec une urbanisation agressive de grands immeubles, des remontées mécaniques à l'assaut des pentes, des routes et des parkings. Avec le réchauffement climatique qui limite l'enneigement, des canons à neige sont de plus en plus implantés le long des pistes, pompant largement dans les réserves en eau des massifs afin de compenser par des apports artificiels l'absence de neige naturelle. Les pistes tracées au bulldozer emportent la faible couche de sol, laissant des pentes soumises à l'érosion que des engazonnements tentent, souvent en vain, de limiter. Les concentrations des activités de loisirs sur certains sites perturbent la tranquillité nécessaire à certaines espèces. Un mode de gestion de ces massifs plus respectueux de leurs particularités aurait dû être mis en place dès le départ, en concertation avec tous les acteurs. Mais peut-être la nature reprendra-t-elle naturellement ses droits sur ces hautes terres dans un avenir plus ou moins lointain. Si le changement climatique actuel se poursuit, si la neige disparaît, alors les installations de ski resteront comme les témoins d'une époque révolue au milieu d'espaces peu à peu conquis par la forêt. Mais les grands volcans éteints de l'Auvergne y auront perdu beaucoup de leur originalité...

Les lichens épiphytes. Catherine Lenne.

Le massif du Sancy a été dégradé par les pistes tracées au buldozer. Aujourd'hui des efforts de réengazonnement ont permis de cicatriser ces blessures. Jean-Jacques Lallemant.

Dryade à huit pétales. Michel Cramois.

Le plantain des Alpes. Michel Cramois.

La flore alpine

La flore dite alpine de nos montagnes auvergnates est en fait localisée à l'étage subalpin, défini en fonction de son altitude (au-dessus de 1 500 m). Il faut atteindre l'étage alpin pour rencontrer les mêmes espèces dans les Alpes et les Pyrénées : à même altitude, notre climat est plus rigoureux que celui des grands massifs français, avec des amplitudes thermiques marquées. A l'époque glaciaire, une végétation abondante – parfaitement adaptée au froid – était présente sur le pourtour des calottes glaciaires. Un petit nombre de plantes se sont adaptées au réchauffement climatique, et se sont réfugiées dans ces zones d'altitude où les conditions semblent extrêmes : c'est ainsi que la dryade a caractérisé la courte période postglaciaire du Dryas qui a suivi la grande glaciation du Würm. Ces espèces sont de petites dimensions, en développant de courtes tiges, des feuilles à surface réduite comme l'androsace rose. Elles adoptent un port prostré avec des tiges plus ou moins rampantes sur le sol : lycopode des Alpes, ou une allure de coussinet avec des tiges très serrées les unes contre les autres : jasione humble, plantain des Alpes, lycopode sélagine. Sur les crêtes, le vent est violent, il faut développer des stratégies pour diminuer la surface exposée au vent et se protéger ainsi du dessèchement : présence de poils sur les tiges et les feuilles, qui constituent une petite couverture

L'androsace rose. Jean-Claude Laigle.

(alchémille des Alpes, saule des Lapons). D'autres espèces, comme la camarine, possèdent la même protection que sous les climats très secs : une cuticule sur les feuilles, sorte de cire qui évite les pertes d'eau. Pour d'autres, le meilleur moyen de se protéger est de se réfugier dans les fissures des rochers : quelques saxifrages sont visibles dans de telles situations.
Tous les éléments de cette flore sont, pour la plupart, protégés par la loi. Malheureusement, leur localisation sur les crêtes les met en situation de danger : pans complets de végétation emmenés par l'érosion due aux pluies torrentielles des orages d'été, surfréquentation des sentiers pendant la période estivale, installations de ski.

Camarine noire. Gérard Guillot.

Troupe de mouflons mâles.
René Auclair.

DÉCOUVERTE : LA RÉSERVE NATURELLE DE CHAUDEFOUR

C'est sa richesse botanique exceptionnelle qui a conduit, en 1991, au classement en réserve naturelle de la vallée de Chaudefour. La surface protégée couvre 820 ha, plus 117 ha de périmètre de protection, entre 1 135 et 1 854 m d'altitude. La réserve se visite librement à pied moyennant le respect de la réglementation : cueillette, camping et chiens interdits. Le classement de la vallée s'est accompagné du balisage ou du tracé de sentiers. Mais le label « réserve naturelle » attire aussi un nombre considérable de promeneurs. On prendra donc soin d'éviter les jours de grande fréquentation et de partir le matin le plus tôt possible.

Un circuit intéressant consiste à faire le tour de la vallée. C'est une longue randonnée de cinq heures de marche avec un dénivelé de plus de 800 m qui demande un bon entraî-

La vallée de Chaudefour.
Jean-Jacques Lallemant.

Le Puy Mary et la vallée de l'Impradine. Jean-Claude Laigle.

La laitue des Alpes. Michel Cramois.

nement physique, de bonnes conditions météorologiques et un équipement adapté (bonnes chaussures, vêtements chauds, chapeau en été, carte). Elle permet de voir mouflon, chamois, chevreuil, faucon pèlerin, merle de roche, merle à plastron, hirondelle de rocher. Si la durée du circuit vous effraie, vous pouvez aussi vous contenter d'un aller-retour à la cascade de la Biche.

Accès

Depuis Chambon-sur-Lac, prendre la D 637 puis à droite la D 36 jusqu'à la Maison de la réserve naturelle (parking).

Accueil et visites guidées

Maison de la réserve naturelle de Chaudefour, 63790 Chambon-sur-Lac. Tél. : 07 73 88 68 80.

Parc naturel régional des Volcans (qui gère la réserve avec l'Office national des forêts). Tél. : 04 73 65 64 00.

La bartsie des Alpes.
Michel Cramois.

DÉCOUVERTE : PUY DE PEYRE ARSE

C'est une boucle de la demi-journée, sans difficultés particulières, accessible à tout bon marcheur (500 m de dénivelé environ). On peut aussi se contenter d'un aller-retour à la crête qui domine la vallée de Mandailles.

Accès

Depuis Murat, prendre la D 680 en direction de Dienne puis du Pas de Peyrol. L'itinéraire démarre sous le Puy Mary, dans un grand virage de la route juste au-dessus des burons d'Eylac.

Circuit N° 5

On débute le circuit sous les falaises de trachyandésite du Puy Mary, dans l'ambiance stridente des cris des marmottes. C'est le cirque glaciaire de l'Impradine avec sa brèche de Roland, qui n'est pas sans ressemblance avec son homonyme pyrénéen, fréquentées par l'accenteur alpin (grosses troupes en automne de plusieurs dizaines d'individus) et l'hirondelle de rochers notamment. Le tichodrome y est régulier à la mauvaise saison. Le versant exposé nord, humide, génère des prairies humides, tourbeuses, parsemé d'arbustes, milieu très apprécié par le merle à plastron. La flore joue ici une partition nettement alpine : bartsie des Alpes, arabette des Alpes, laitue des Alpes et liondent des... Pyrénées sont ici pour nous le prouver ! Il y a là une rareté végétale, le saxifrage à feuilles d'épervière, dont c'est l'unique localité en France et qui subsiste sur les falaises abruptes suintantes. Parvenu à la crête, on rejoint le sentier de randonnées que l'on suit sur 200 à 300 m. Lorsqu'il plonge vers la vallée de Mandailles, en direction du pic phonolitique du Griou, quittez-le pour contourner par le nord le Peyre Arse, point culminant du massif du Puy Mary. Arrivé à un col, explorez aux jumelles les pentes à vos pieds et les éboulis, qui accueillent le merle de roche et le traquet motteux. Les cris rauques du grand corbeau vous rappelleront qu'il faut aussi scruter le ciel à la recherche des rapaces : milan royal, buse variable, circaète, faucon crécerelle, faucon pèlerin ne sont pas rares et le volcan cantalien est régulièrement fréquenté par l'aigle royal. Sur les myrtilles, on remarquera la panoplie vert fluo, rouge et noir de la miramelle alpine, petit criquet sans ailes, tandis qu'un grand apollon vous survole d'un souffle. A partir de là, vous pouvez revenir par le même chemin, ou suivre le sentier jusqu'au col de Cabre (le bien nommé puisqu'on pourra y observer, avec un peu de patience, tous les ongulés sauvages d'Auvergne : chevreuil, cerf, chamois et mouflon), où vous retrouverez le sentier de randonnées qui vous ramènera au point de départ. On traverse alors des pentes plus sèches plus ou moins couvertes de genêts dans lesquels nichent l'accenteur mouchet et la fauvette grisette et où déambule, nonchalante, cette curieuse grosse sauterelle qu'est l'éphippigère.

Le cirque glaciaire de l'Impradine et la brèche de Roland. Jean-Claude Laigle.

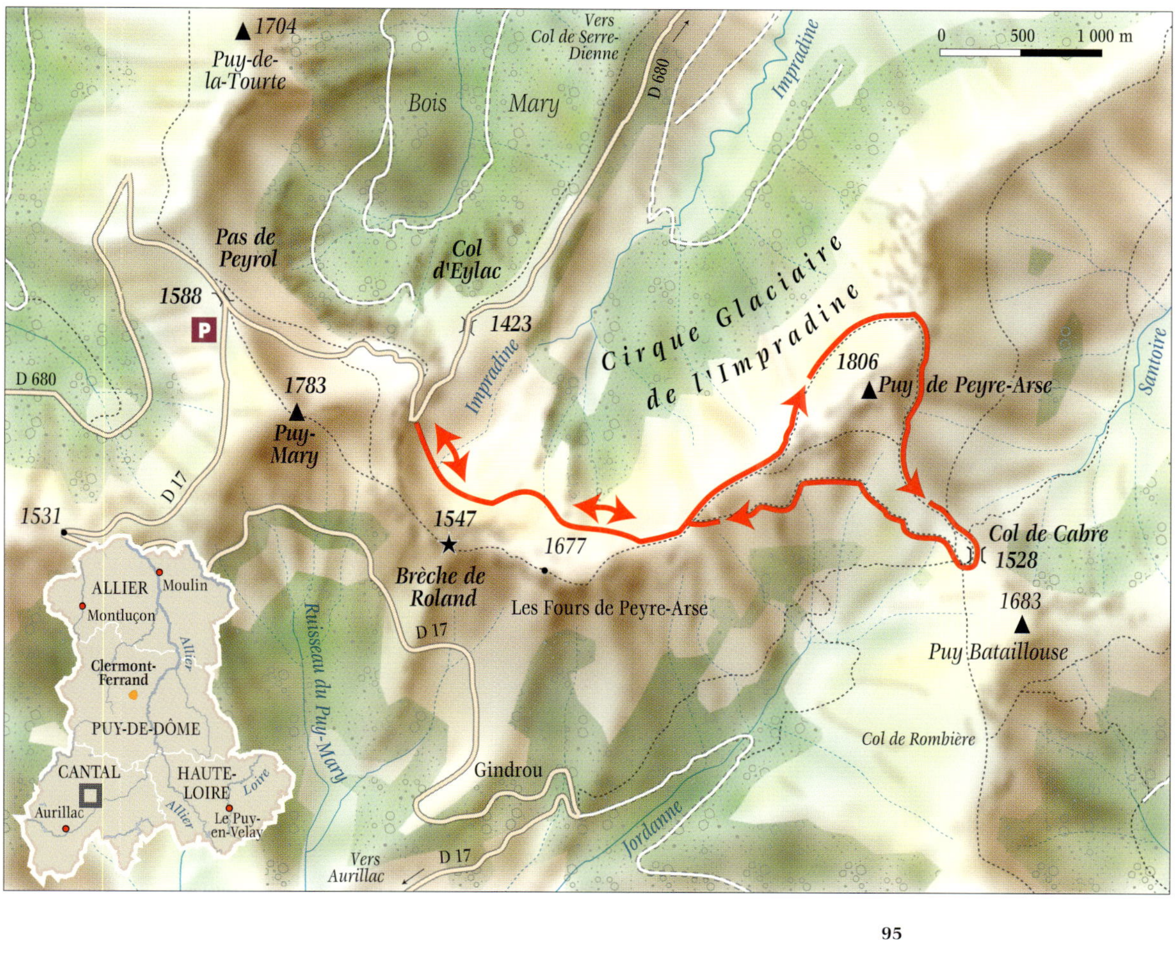

Les gorges

Le « Plateau central », ancienne et heureuse appellation de notre Massif central, est régulièrement et profondément découpé par tout un réseau dendritique de gorges encaissées. Il y a les célèbres, les magnifiques - gorges de l'Allier, Dordogne, Loire, Truyère, Sioule... - et les confidentielles, les secrètes - gorges du Chavanon, de la Dore, de l'Alagnon, des Couzes, du Lignon... Toutes ces vallées ont néanmoins en commun leur extrême sauvagerie, leur naturalité, et parfois leur quasi-inaccessibilité.

De grandes coupures vertes

C'est un véritable corridor de nature sauvage presque toujours abandonné par l'homme, et qui irrigue notre Auvergne cultivée et pâturée. Pour la faune, le réseau de gorges représente un véritable refuge linéaire sans équivalent dans les autres milieux, plutôt de type insulaire. Cependant, cet état naturel est le plus souvent secondaire, consécutif à la déprise agricole. Le retrait de l'activité humaine a touché en premier lieu ces sites, difficiles à aménager à cause de la forte dénivellation et de la présence fréquente de rochers. Les landes à genêts purgatifs témoignent le plus souvent d'anciens pâturages et, ponctuellement, des restes de terrasses montrent que l'homme a tenté de relever le défi de la pente, mais pour un temps seulement.

C'est l'eau, et son érosion linéaire, qui est seule responsable de ces formidables coupes, avec plus de 500 m dans les gorges de l'Allier. Malheureusement, aujourd'hui, bien peu de ces eaux folles continuent d'arracher et de transporter les sédiments qui modèlent nos vallées jusqu'à nos plages ! La belle

Page de gauche
Les gorges de l'Allier. Michel Cramois.

L'église de Sainte-Marie des Chazes dans les gorges de l'Allier. Michel Cramois.

L'Allier serpente au fond de gorges profondes.
Michel Cramois.

En haut à droite
Le sonneur à ventre jaune sur le dos.
Gilles Hanula.

Le cordulegastre annelé.
Gilbert Cochet.

trilogie : érosion, transport, sédimentation, se résume à son dernier stade au fond des retenues eutrophisées des grands barrages. La Truyère en est un triste exemple, puisque, après un long parcours naturel en Lozère, peuplé de loutres et de moules perlières, elle traverse notre région dans un immense escalier, de barrage en barrage, où toute vie d'eau courante a complètement disparu.

Cependant, il existe encore des gorges ayant échappé à cet aménagement et la prise de conscience de ce patrimoine devrait les préserver pour l'avenir. Il en est ainsi des gorges de l'Allier, dernière grande vallée encore en lien direct avec l'océan, dont le saumon atlantique tente toujours de témoigner de la libre circulation. La destruction du barrage de Saint-Etienne-du-Vigan a même permis à l'espèce de retrouver ses anciennes frayères les plus en amont. L'effacement du barrage de Poutès, au cœur des gorges, achèverait avec panache cette reconquête des eaux vivantes.

Les espèces inféodées à l'eau

Les espèces aquatiques présentent de belles densités dans les secteurs de gorges non aménagés. La loutre a trouvé là un refuge d'où elle tente de reconquérir l'aval des cours d'eau. Les comptages effectués pour le cincle et le chevalier guignette montrent des densités parmi les plus élevées de France. Dans les gorges de la Loire, une remarquable population de crapaud sonneur à ventre jaune occupe les vasques rocheuses, habitat inhabituel pour cette espèce des mares forestières. Les libellules sont présentes avec par exemple l'aeschne paisible qui atteint ici sa plus haute altitude à près de 900 m, le cordulegastre annelé fréquent sur les petits affluents et la cordulie à corps fin qui apprécie les berges boisées, sans oublier les nombreux caloptéryx vierges et ouest méditerranéens qui animent les moindres radiers. Le castor fait un double retour remarqué : sur l'Allier, sa conquête de l'amont à partir des lâchers sur le bassin de la Loire l'a conduit à l'entrée des gorges ;

A gauche
Le sonneur à ventre jaune.
Gilles Hanula.

A droite
Le cincle plongeur.
Jean-Claude Laigle.

plus extraordinaire, sur le Lignon, des individus ont franchi d'eux-mêmes la ligne de partage des eaux Atlantique-Méditerranée en provenance du haut bassin de l'Eyrieux en Ardèche. Ce retour montre les fortes capacités de recolonisation naturelle des milieux par les espèces auxquelles on offre un véritable espace de liberté. Suite à leur protection, le héron cendré et le grand cormoran viennent en grand nombre exploiter les cours d'eau des gorges. La vision de ces grands oiseaux sur fond de falaises ou pêchant en eau vive bouscule les clichés traditionnels de niches écologiques quelque peu figées que nous attribuons à chaque espèce. Pour l'heure, seul le héron cendré niche dans certaines gorges, le grand cormoran est uniquement hivernant. Aux deux passages, le balbuzard offre à son tour de belles scènes de pêche, là aussi dans un cadre quelque peu inhabituel mais grandiose.

Les richesses biologiques des versants

Sur les pentes des gorges, une véritable mosaïque naturelle se profile. Point n'est besoin d'intervenir pour favoriser une hypothétique amélioration de la biodiversité car le jeu des méandres et des expositions diversifie à l'envi les formations forestières : chênaie sessiliflore en adret et à basse altitude, hêtraie et sapinière en ubac à l'étage montagnard, pins sylvestres et bouleaux sur les sites rupestres et les landes arborées, érablaie dans les vallons... Dans ces forêts plus ou moins parsemées de rochers poussent le lis martagon mais aussi le rare cresson des bois ou dentaire digitée et le polystic à aiguillons près des ravins ombragés. Les coléoptères saproxyliques comme la rosalie des Alpes, le lucane ou l'ergate forgeron signent, par leur présence, l'existence de bois mort dans les forêts les plus anciennes.

Les ongulés trouvent dans les gorges à la fois de vastes territoires pour se nourrir mais aussi un remarquable refuge. Le sanglier est devenu omniprésent, de même que le chevreuil. En revanche, le cerf occupe quelques gorges comme la Truyère, l'Alagnon ou l'Allier avec des effectifs de plusieurs centaines d'individus ne demandant qu'à croître ; l'observation du brame dans de tels sites comble le naturaliste le plus exigeant ! Plus étonnant, des daims ont été observés (et filmés) à plusieurs reprises dans les gorges de la Loire. Enfin, le chamois

Le chevalier guignette.
Jean-Claude Laigle.

Le circaète Jean-le-Blanc. Philippe Gay.

fait de timides mais de plus en plus fréquentes incursions dans les rochers forestiers des gorges : les individus proviennent probablement des Monts d'Auvergne mais le même phénomène se produit sur le versant ardéchois, cette fois en provenance des Alpes. Il n'est pas interdit de rêver à une installation durable de cet ongulé qui progresse dans tous les massifs montagneux de France.

Il n'est pas possible de parcourir les gorges auvergnates sans remarquer l'extraordinaire diversité et densité des rapaces. Ainsi, toutes les espèces forestières de notre pays sont présentes, de l'épervier à l'aigle botté en passant par l'autour et la bondrée apivore avec des densités records. L'alternance de landes ouvertes et de pins sylvestres permet l'existence de très belles populations de circaètes. Enfin, la juxtaposition des cours d'eau et des forêts est très propice à l'installation des milans noirs et royaux, qui peuvent localement établir de véritables colonies.

Faune et flore des rochers

Les gorges sont taillées dans des roches dites cristallines avec certains granites célèbres, parmi les plus étendus de France comme le granite de la Margeride pour une partie des gorges de l'Allier, ou le granite du Velay pour les gorges de la Loire et du Lignon. Les gneiss et les micaschistes au contraire se retrouvent dans les gorges de la Truyère ou l'Alagnon. Bien souvent, le volcanisme est venu ajouter quelque falaise de basalte, suspendue au-dessus des vallons. L'œillet des granites, endémique du Massif central, mais aussi le muflier à feuilles d'asaret et la digitale à grandes fleurs côtoient le lis marta-

Le lucane. Gérard Guillot.

L'hirondelle de rochers. Franck Chastagnol.

gon sur les vires rocheuses. La doradille du Forez est une fougère fréquente dans les fissures. Alors que la fouine et le renard trouvent régulièrement refuge dans les rochers au milieu des landes et forêts, la genette semble plus localisée. Les oiseaux rupestres animent en permanence ce monde minéral. L'hirondelle de rochers mais aussi, fait plus rare, l'hirondelle de fenêtre s'installent en petites colonies, notamment sur les falaises basaltiques comme à Arlempdes dans les gorges de la Loire. A Prades, sur un formidable affleurement de basalte, une petite colonie de martinets à ventre blanc est connue depuis 1975. Depuis, toutes les autres installations se sont faites en village et l'espèce semble bouder les gorges en dehors de son site historique. Il n'en est pas de même avec le faucon pèlerin qui, peu à peu, colonise de plus en plus de sites dans toutes les gorges auvergnates, en concurrence classique avec le hibou grand duc présent avec une telle densité qu'il en devient le plus digne représentant du peuplement avifaunistique des gorges. Plus discret, le pigeon colombin apprécie tout autant la tranquillité rupestre alors que l'hiver, accenteur alpin et tichodrome échelette profitent des versants ensoleillés et abrités. Maintenant survolées occasionnellement par le vautour fauve, les falaises des gorges attendent le retour de l'aigle royal qui a niché là jusque dans les années 1950. Une ancienne aire, occupée alternativement par le grand corbeau et le faucon pèlerin, atteste de cette présence ancienne.

Les orgues balsatiques. Franck Chastagnol.

L'empreinte de l'homme qui s'efface

Ici aussi, comme souvent en Auvergne, la fermeture des milieux a suivi l'exode rural. Les landes à genêt purgatif, lorsqu'elles restent encore ouvertes par le pâturage, permettent l'installation de l'orchis bouffon, de l'orchis sureau et de la pulsatille rouge, endémique du Massif central souvent installée sur des

Le hibou grand duc. Romain Riols.

La pulsatille rouge. Jean-Claude Laigle.

terrains volcaniques. Caractéristique des pelouses sur basaltes, sur le haut des versants, la gagée de Bohême présente de belles stations dans les gorges de la Loire et de l'Allier. Ces milieux sont colonisés par la rare locustelle tachetée que seul son chant déroutant permet de repérer. L'engoulevent niche à terre dans les landes plus ou moins arborées alors que les busards Saint-Martin et cendré s'installent dans ce qui leur reste de biotope.

Ainsi, de la présence humaine, il ne reste plus que quelques châteaux de rochers et des landes qui évoluent tout doucement vers une forêt naturelle. Pour la plupart des espèces, c'est un retour en force dans ces sites oubliés de l'homme et cette renaissance montre, s'il en était besoin, que toute biocénose est appelée à se développer dès lors que plus rien n'entrave sa libre expression. Il est bon que nous conservions ces sites propres à combler le naturaliste.

DÉCOUVERTE : GORGES DE L'ALLIER ET MAISON DES OISEAUX DU HAUT ALLIER

Installée dans le prieuré de Lavoûte-Chillac, monument bénédictin du XVIIIe siècle, la Maison des oiseaux du haut Allier propose des expositions sur les oiseaux communs, un diorama sur l'avifaune des gorges de l'Allier, un film projeté sur grand écran dans un amphithéâtre. En juillet-août, elle est ouverte au grand public tous les jours sauf le samedi de 10 h à 12 h 30 et de 14 h 30 à 18 h 30 et le dimanche de 14 h 30 à 18 h 30, en juin et septembre, le dimanche de 14 h 30 à 18 h.

Les groupes sont accueillis sur réservation de début avril à fin octobre. Des sorties accompagnées par les animateurs de la LPO sont proposées certains jours pendant l'été.

Les gorges de l'Allier abandonnées progressivement par l'homme. Michel Cramois.

L'aigle botté

Ce rapace forestier, discret et méconnu, est une espèce rare en Auvergne. Il occupe dans l'Allier les futaies de plaine où il semble en régression. Dans les autres départements auvergnats, c'est un oiseau des versants encaissés de vallées boisées, dans les gorges de la Sioule, de la Truyère, de la Dordogne et du haut Allier et sur les versants de la Margeride. Aucune évolution des effectifs n'y est notée depuis les années 1980. Migrateur, il revient d'Afrique au début d'avril. La population régionale est estimée à 47 à 67 couples dont 20 dans l'Allier, 5 à 10 dans le Puy-de-Dôme, 15 à 25 dans le Cantal et 7 à 12 en Haute-Loire. Sa survie dépend du maintien de vastes espaces de forêts âgées entrecoupées de milieux ouverts dans les zones de nidification, de la neutralisation des lignes électriques dangereuses, du respect de sa protection légale mais également des conditions sur les sites d'hivernage africains.

Les gorges sont exceptionnellement riches en rapaces : circaète, aigle botté, buse variable, milans noir et royal, hibou grand duc. Présence également du grand corbeau, de l'hirondelle de rochers, du martinet à ventre blanc et de l'accenteur alpin et du tichodrome en hiver.

L'aigle botté. Romain Riols.

Maison des oiseaux du haut Allier
Le Prieuré, 43380 Lavoûte-Chillac
Tél. : 04 71 77 43 52
Mél : lpo-auvergne.43@wanadoo.fr

La couleuvre d'Esculape. Gilbert Cochet.

La gagée de Bohême. Jean-Claude Laigle.

DÉCOUVERTE : LES GORGES DE LA SIOULE

Accès

De Clermont-Ferrand, prendre la D 941 jusqu'à Saint-Ours, prendre ensuite à droite la D 62 en direction des Ancizes. Après les Ancizes, prendre la D 19 et traverser le pont du Bouchet. Se garer sur le parking sur la gauche.

Circuit N° 6

A partir du parking, prendre le sentier qui longe la retenue de Besserves en direction de la plage du Bouchet. Prêtez l'oreille à tous les chants dont regorge la forêt : sitelle, mésanges, grimpereau des jardins, pics et pouillots. La retenue attire de nombreux milans noirs qui nichent sur la rive opposée. Arrivé à une fourche, prendre le sentier à droite et en épingle qui remonte vers la route. La traverser et prendre le chemin carrossable en face. A la dernière maison (rougegorge, rougequeue noir et merle noir), prendre le chemin en épingle à gauche et le suivre jusqu'au carrefour en patte-d'oie. A ce moment, sur le plateau, le paysage devient plus ouvert et permet d'observer la faune des prairies et des buissons : lézard vert, papillons tels que la petite tortue, le citron ou le paon du jour et des oiseaux comme les fauvettes, l'alouette lulu, le bruant jaune et le pipit des arbres. La vue superbe sur les gorges permet d'observer de nombreux rapaces (milans, buse variable, bondrée apivore et les très rares aigle botté et faucon pèlerin) ainsi que le grand corbeau. En période de migration, de nombreux autres planeurs utilisent ce secteur dont les cigognes et la grue cendrée. En traversant quelques petits boisements, prêtez attention au roitelet huppé et cherchez les traces de blaireau. Prendre le premier chemin à gauche jusqu'à la troisième intersection où l'on prend à gauche le chemin qui redescend vers le hameau du Bouchet. A cet endroit, cherchez la pie-grièche écorcheur. Traverser à nouveau la route et prendre le chemin en face qui descend jusqu'à la route de Confolant. Longer cette route sur quelques dizaines de mètres et prendre le chemin à gauche qui démarre dans le virage serré. Quelques écureuils furtifs peuvent vous filer sous le nez. Le suivre jusqu'au carrefour situé au-dessus du village-vacances de Confolant. Prendre à gauche la route, carrossable au début, et qui devient par la suite un chemin forestier (pic noir, grives, accenteur mouchet, grimpereau des bois sont à rechercher ainsi que le cordulégaste annelé vers le petit ruisseau) que l'on suit jusqu'au parking du départ où l'on peut aussi observer la bergeronnette grise ou le serin cini.

Lavoûte-Chilhac. Michel Cramois.

Les gorges de la Sioule. René Auclair.

La petite tortue. Gérard Guillot.

Le caloptéryx vierge. Romain Riols.

Le Livradois-Forez

Si les voyageurs qui partent à la découverte de l'Auvergne connaissent tous de réputation la Chaîne des Puys, le Sancy et les Monts Dore, beaucoup ignorent l'Auvergne côté « soleil levant », comme se qualifie lui-même le Parc naturel régional du Livradois-Forez. Pourtant, ces montagnes méritent plus qu'un simple détour.

Le vieux socle soulevé

Si le Livradois et les Monts du Forez ont en commun le même substratum géologique, le granite, le gneiss et les roches métamorphiques, ils s'opposent par leurs altitudes. Le premier s'étale largement et passe peu à peu de 600 m à l'ouest à 1 000-1 200 m à l'est alors que les seconds alignent leurs crêtes du nord au sud, au-dessus de 1 300 m, crêtes qui culminent à 1 633 m à Pierre-sur-Haute. Vers le nord, ces reliefs se poursuivent par les Bois-Noirs qui atteignent 1 287 m au Puy de Montoncel. Entre ces deux ensembles coule la Dore, d'abord dans le bassin sédimentaire d'Ambert, puis dans des gorges étroites et tortueuses avant de rejoindre la plaine de la Limagne. C'est à la fin du Tertiaire que ce vieux socle hercynien s'est soulevé, grand bombement lithosphérique, contrecoup du plissement alpin qui a été à l'origine du volcanisme auvergnat et du rajeunissement des reliefs de ces montagnes de l'est. Ce soulèvement de la bordure orientale du Massif central est un événement géologique postérieur de plusieurs millions d'années à l'effondrement des Limagne. Lors du soulèvement, les plaines de Limagne et du Forez, qui existaient déjà, se sont aussi soulevées, mais moins que les reliefs du Livradois-Forez.

Page de gauche
La gentiane jaune.
Jean-Claude Laigle.

La vallée de Pré d'aval.
Jean-Jacques Lallemant.

La Dore, près de la confluence avec l'Allier. Jean-Jacques Lallemant.

Des pays frappés par l'exode rural

A la fin du XIXe siècle, ces montagnes de l'est étaient densément peuplées (voir le livre *Gaspard des montagnes*). Au-dessous de 700 m d'altitude environ, la majeure partie des terres était labourée et les bois étaient relégués aux pentes les plus fortes. La densité de population humaine dépassait les cent habitants au kilomètre carré, soit quatre fois plus qu'aujourd'hui. A cette intense activité agricole s'ajoutaient de petites industries dynamiques dont les plus connues sont la papeterie (les moulins de Richard de Bas) et la coutellerie. Au XXe siècle, la désertification de ces campagnes s'est traduite par le développement de l'élevage au détriment des cultures et, bien sûr, par le retour de la forêt, soit spontané sur les terres abandonnées, soit par des plantations pour valoriser des parcelles dont on avait cessé l'exploitation. Le tissu industriel pour sa part, loin d'avoir disparu, s'est maintenu, en particulier le long des axes de communication. Il en résulte aujourd'hui, dans la partie ouest de la zone décrite, un paysage encore ouvert, avec des petits villages aux belles maisons de pierre, des hameaux souvent à l'abandon, nichés dans un paysage doucement vallonné de prairies, de haies et de bois dont les contours souvent géométriques en timbre-poste marquent les limites des anciennes parcelles cultivées.

La digitale pourpre.
Jean-Claude Laigle.

La pie-grièche écorcheur. Jean-Claude Laigle.

L'hirondelle rustique. Franck Chastagnol.

Le rougequeue à front blanc. José Vigouroux.

Cette partie du Livradois, la plus humanisée et la plus basse en altitude, abrite une bonne population de chevêches qui est l'objet d'un suivi régulier. La présence en relative abondance de la pie-grièche écorcheur y témoigne d'une agriculture douce, économe en produits phytosanitaires. Le ciel s'anime des orbes de la buse et du vol léger du milan royal, présent en Livradois même si ce n'est pas dans ce district d'Auvergne qu'il est le plus abondant. Bruant jaune et pipit des arbres animent de leur chant les bordures des prairies. Les vaches pâturent paisiblement pendant que des étourneaux à la recherche de nourriture pour leur progéniture s'activent entre leurs pattes et que les hirondelles rustiques frôlent la surface du tapis herbeux. Chaque village ou hameau abrite au moins un couple de rougequeue à front blanc qui trouve là cavités et grands arbres. Mais plus on progresse vers l'est, plus la surface forestière s'accroît avec l'altitude.

Une importante couverture forestière

Si les Bois-Noirs ou le haut Livradois ont toujours connu une importante couverture forestière fournissant un bois de qualité, la régression des activités humaines depuis le début du XXe siècle s'est traduite ici par un spectaculaire retour de la forêt. Sur certaines communes la proportion de surface boisée est passée de 25 à 75 % et sur l'ensemble de la zone, le taux de boisement est le plus élevé du département du Puy-de-Dôme, et même un des plus élevés de France, avec plus de 50 % du territoire. Cette forêt, privée à 90 %, est très morcelée, la surface moyenne par propriétaire ne dépassant pas les 2 ha.

Les chênes sessile et pédonculé dominent jusque vers 700 à 800 m, altitude à partir de laquelle ils s'associent au charme, comme c'est le cas dans la forêt de la Comté, donnant la charmaie de demi-montagne, dont la luxuriance de la végétation résulte de la combinaison de températures douces et d'une pluviométrie élevée. Le charme et les deux espèces de chêne s'y associent avec le tilleul, l'érable champêtre et le merisier. Plus en altitude, ces essences sont peu à peu remplacées par le hêtre dont le feuillage intercepte fortement la lumière. Cela réduit le nombre de plantes qui se développent en sous-bois dans les hêtraies, à l'exception des espèces à floraison vernale comme l'anémone sylvie ou l'oxalis pain de coucou qui se hâtent de fleurir avant que les arbres n'aient développé leurs feuilles. Les reliefs les plus humides voient l'apparition du sapin, mêlé au hêtre ou en peuplement pur, associé au sorbier des oiseleurs, à sous-bois de myrtille, avec les lycopodes, la listère cordée et la luzule jaunâtre dans les forêts les plus anciennes. A ces arbres indigènes, les

L'oxalis pain de coucou. Jean-Claude Laigle.

forestiers ont rajouté en quantité, comme ailleurs en France, des espèces exogènes comme le douglas et l'épicéa. Dans la vallée du Fossat, quelques hêtres tortillards dressent leur énigmatique silhouette.

Ces étendues boisées, favorables au chevreuil et au sanglier, abritent aussi la martre, le chat sauvage et localement la genette à basse altitude. Dans le cortège des oiseaux forestiers, la mésange boréale est présente en Livradois. Autour, épervier, bécasse, pic épeiche, pouillot siffleur peuplent la hêtraie, accompagnés du pic noir et, par voie de conséquence, de la chouette de Tengmalm dont la population est forte de quelques dizaines de couples. Le grimpereau des bois est présent dans les hêtraies sapinières et les sapinières en compagnie des mésanges noire et huppée et des deux roitelets. Son alimentation limite la présence du bec-croisé des sapins aux forêts de résineux qui, dans le Livradois-Forez, hébergent une population importante de venturons montagnards. Les naturalistes les plus chanceux surprendront peut-être une gélinotte, espèce dont une petite population fréquente les Monts du Forez, à la limite entre les départements du Puy-de-Dôme et de la Loire. Si l'on excepte quelques rares contacts ponctuels avec cet oiseau dans le Sancy et les Combrailles, les Monts du Forez abritent la seule population auvergnate de ce gallinacé de montagne.

Le grimpereau des bois. Gilbert Cochet.

Les landes et pelouses des Hautes-Chaumes

Les crêtes sommitales des Monts du Forez ou « Hautes-Chaumes » alignent au-dessus de 1 200 m d'altitude leurs étendues dépourvues d'arbres, battues par les vents, souvent prises dans le brouillard. Normalement abondamment enneigés

Paysage des Hautes-Chaumes. Jean-Jacques Lallemant.

pendant la période hivernale, au moins jusqu'à ces dernières années, recevant une pluviosité élevée estimée à plus de 1 500 mm par an, balayés par des vents violents, ces sommets austères peuvent conserver de longs mois les congères créées par les vents dominants du nord-ouest. Même si l'homme, par ses troupeaux, a contribué à étendre considérablement ces zones dépourvues d'arbres, c'est le climat qui crée ici les conditions écologiques propices au développement des landes, aucun arbre ou arbrisseau ne résistant à ce climat extrême au-dessus d'une certaine altitude. En limite supérieure des forêts, les végétaux ligneux exhibent des ports caractéristiques en drapeau, les vents froids empêchant le débourrement des bourgeons sur la face la plus exposée aux intempéries. Selon l'exposition et l'altitude, le faciès végétal varie : landes à callune et genêt poilu entre 1 200 et 1 450 m, souvent parsemées de sorbiers et de saules, landes à airelle des marais et à airelle myrtille au-dessus de 1 500 m en versant nord, landes à genêt purgatif en versant sud, pelouses d'altitude à graminées sur les plus hauts sommets qui n'ont sans doute jamais été boisés. Comme dans le Sancy et le Cantal, trèfle des Alpes, alchémille des Alpes, ail de la victoire, arnica et gentiane jaune apportent une touche alpine à ces landes du Massif central. Plus rare, la camarine noire est ici une survivance de l'époque glaciaire. La seule station de l'homogyne des Alpes en dehors des Alpes et des Pyrénées est localisée à Pierre-sur-Haute.

L'abondance des précipitations, le substrat granitique, l'empreinte des glaciers Quaternaire à l'origine de belles vallées en auge et de dépression de surcreusement, créent ici les conditions optimales au développement de tourbières avec leur cortège de plantes caractéristiques : rossolis, grassette, andromède. La vipère péliade est présente, ainsi que le triton alpestre. C'est là que l'on rencontre le plus souvent le pipit farlouse. Plus de quatre-vingts tourbières ont été recensées sur les versants auvergnat et rhônalpin des Monts du Forez. Comme dans le Sancy et le Cantal,

La mésange boréale.
Philippe Busser.

Le « port en drapeau » caractéristique des arbres couchés par le vent.
Gérard Guillot.

L'airelle des marais.
Jean-Claude Laigle.

des mégaphorbaies se développent au bas des pentes gorgées d'eau : adénostyle, doronic d'Autriche, aconits napel et tue-loup y fleurissent.

A la belle saison, le randonneur progresse ici accompagné des chants du pipit des arbres, du pipit spioncelle (plus rare que dans le Sancy) et de l'alouette des champs. Deux petits turdidés se partagent les milieux ouverts, chacun dans sa niche : le traquet motteux sur les landes sèches parsemées de rochers et le tarier des prés dans les prairies humides. Si le merle à plastron n'est pas très rare dans les landes parsemées d'arbustes, la nidification du merle de roche, qui n'était plus présent qu'à raison d'un ou deux couples en 1994, reste à confirmer en 2004. Le busard cendré niche régulièrement mais d'autres rapaces viennent évoluer au-dessus de ces espaces favorables à la chasse : bondrée apivore, buse variable, busard Saint-Martin, faucon hobereau, circaète jean-le-blanc, et parfois faucon pèlerin en migration.

Le promeneur attentif ne manquera pas de remarquer sur ces étendues herbeuses de grandes bâtisses inutilisées de nos jours. En terme local il s'agit des jasseries, témoignant de l'intense activité pastorale que connaissaient les Hautes-Chaumes jusque dans les années

Le pipit farlouse. Jean-Claude Laigle.

La bondrée apivore. Franck Chastagnol.

1960. A cette époque, des milliers de bovins passaient encore l'été en altitude, accompagnés par les femmes et les enfants qui soignaient le troupeau et s'occupaient de la fabrication du fromage (la fourme d'Ambert). Les hommes ne les rejoignaient que pour certains travaux plus pénibles, comme la fauche des prairies. Les étables des jasseries, dans lesquelles les bêtes étaient rentrées tous les soirs, étaient nettoyées grâce à un système de canaux qui amenait l'eau d'une source voisine. Un astucieux système de rigoles permettait de répandre cette eau chargée des déjections du bétail sur des prairies en contrebas : les fumades. La végétation herbacée qui se développait sur ces prairies ainsi enrichies en azote donnait en fin de saison un fourrage de qualité. De nos jours, les grands troupeaux de bovins d'antan ne sont plus qu'un souvenir. Les jasseries témoignent d'une époque révolue, mais des moutons venus de la plaine continuent à pâturer l'été sur ces vastes étendues.

Le triton alpestre. Gilles Hanula.

Maintenir des activités humaines pour protéger

Si des espèces comme le pic noir et la chouette de Tengmalm ont bénéficié de la régression des activités humaines traditionnelles et du retour consécutif de la forêt, beaucoup des richesses biologiques de ces montagnes ne peuvent survivre sans le maintien d'activités agricoles et

Jasserie du col de la Croix de Fossat, sur les Hautes-Chaumes. Jean-Jacques Lallemant.

Le Parc naturel régional du Livradois-Forez

Créé en 1986, ce parc a vu sa charte renouvelée en 1998. Il regroupe 180 communes du Puy-de-Dôme et de la Haute-Loire sur un territoire de 321 992 ha. La population est proche de 110 000 habitants. Il a été créé pour lutter contre la déprise rurale en valorisant les atouts naturels, architecturaux et culturels de la région. L'association dans le logo du parc de la roue et de l'arbre illustre bien cette volonté de maintien des activités humaines tout en valorisant les richesses culturelles et naturelles. L'objectif prioritaire du parc est donc économique, environnemental et social. Une maison du parc à Olliergues, des publications touristiques et des sorties découvertes accompagnées permettent au visiteur de découvrir les richesses de ce terroir souvent méconnu.

Maison du Parc naturel régional du Livradois-Forez
Saint-Gervais-sous-Meymont,
BP 17, 63880 Olliergues
Information et accueil :
tél. : 04 73 95 57 57
Sur Internet :
www.parc-livradois-forez.org

Ce pont en bois caractérise le renouveau de l'utilisation de ce matériau très présent dans le parc du Livradois-Forez. Jean-Jacques Lallemant.

pastorales. Leur abandon signerait la disparition de toutes les espèces végétales et animales des milieux ouverts ainsi que de paysages de grande valeur esthétique. C'est l'un des objectifs du Parc naturel régional du Livradois-Forez que de maintenir une population humaine permanente en ces lieux, tâche difficile mais combien nécessaire. Si le tourisme peut être un facteur de dynamisation économique, il convient cependant de le contrôler sur certains sites sensibles. L'érosion des chemins et pistes sur les Hautes-Chaumes en témoigne. Quant à une espèce comme la gelinotte, il n'est pas certain qu'elle tolère des activités de ski nordique intensives.

L'activité humaine est nécessaire au maintien des paysages ouverts.
Michel Cramois.

Deux chouettes que tout oppose ?

Chouette chevêche. Franck Chastagnol.

La chevêche d'Athéna (plus connue sous le nom de chouette chevêche) et la chouette de Tengmalm sont toutes deux présentes dans le Livradois-Forez. Pourtant, leurs exigences diffèrent. La chevêche, espèce anthropophile, apprécie le bocage et les vergers traditionnels, paysage humanisé, domaine de la polyculture et de l'élevage, avec des arbres creux et des édifices qui lui procurent des sites de nidification. La chouette de Tengmalm habite les forêts de hêtres et de sapins, mais aussi des boisements plus variés de trembles et de noisetiers, pourvu qu'ils possèdent des cavités, en particulier celles creusées par le pic noir. La chevêche se hasarde rarement au-dessus de 900 m d'altitude, bien que les 1 200 m soient atteints localement. La Tengmalm, relicte glaciaire, reste confinée aux forêts froides de montagne, au-dessus de 800 à 900 m. La chevêche, encore bien représentée en Auvergne avec 1 650 à 2 900 couples sur les 10 000 à 50 000 couples français, a régressé dans de nombreux secteurs face à la modernisation de l'agriculture avec l'arrachage des haies et l'emploi massif de pesticides. En revanche, la chouette de Tengmalm n'a été découverte en Auvergne qu'à la fin des années 1970 mais peut-être était-elle passée inaperçue jusque-là. Les effectifs, évalués à 60 à 120 couples sur 1 500 à 2 500 en France, semblent localement en augmentation, favorisés par le développement de la forêt et le retour vers des classes d'âge plus équilibrées de nombreux boisements auvergnats. Ils se répartissent dans la Chaîne des Puys, le Livradois-Forez, la Margeride, le Vivarais, les Bois-Noirs et les Monts de la Madeleine. Ces deux oiseaux résument bien les bouleversements du paysage auvergnat au XXe siècle : la régression des activités agricoles traditionnelles en plaine et en moyenne montagne condamne la chevêche à disparaître tandis que l'abandon par l'homme des hautes terres favorise le développement des forêts appréciées par la chouette de Tengmalm. Rien d'étonnant donc à ce que le Parc naturel régional du Livradois-Forez, qui a pour objectif de protéger un paysage agricole traditionnel par le maintien d'une population humaine permanente sur son territoire, s'intéresse particulièrement à la chevêche.

Chouette de Tengmalm. Romain Riols.

Le bouvreuil pivoine.
Jean-Claude Laigle.

DÉCOUVERTE : LE HAUT FOREZ À SAINT-PIERRE-LA-BOURLHONNE

L'itinéraire proposé, le plus long, présente une forte dénivellation (650 m), le sentier est très érodé sur une portion. Son parcours nécessite donc d'être en bonne condition physique et bien équipé.

Accès

Remonter la vallée de la Dore (Thiers/Courpière) vers Ambert par la D 906. A Vertolaye, quitter la vallée pour monter à Saint-Pierre-la-Bourlhonne/col du Béal (D 40 ou D 66) ou vers Job (D 66). Avant Job, tourner à gauche (D 66E) en direction du col du Chansert. A Saint-Pierre, prendre la direction de Job par la D 66, puis, à 1,5 km, tourner à gauche pour rejoindre le col du Chansert par la D 66E. Se garer au col (1 236 m d'altitude).

Le tarin des aulnes. Alain Tixier.

Circuit N° 7
Le circuit court
(2 heures de marche)

Gardez un moment pour observer dans la clairière du col du Chansert. Le contact avec le venturon y est fréquent. Sinon, peut-être verrez-vous l'hermine, l'accenteur mouchet, le bouvreuil, les nombreuses mésanges... La vision est assez étendue, vous pouvez guetter les rapaces : la buse, la bondrée, l'épervier. Lors des migrations, un balbuzard ou un faucon hobereau peuvent être vus. Descendez la route (côté nord). A 1 km à droite, prenez la piste qui dessert le fond de vallée. Vous la suivrez jusqu'au gué. Ce site constitue le terme du circuit court (5 km au total sans dénivelé, soit deux heures au minimum). Les berges du ruisseau de Vertolaye abritent une flore superbe. En longeant son cours, le paysage est toujours beau et vous pourrez observer le cincle, les bergeronnettes grise et des ruisseaux, peut-être le tarin des aulnes, le grand corbeau (nicheur très rare) et des espèces forestières (pics, mésanges...).

La forêt qui vous domine à droite (versant exposé au nord-est) est, pour une bonne partie, propriété du Conservatoire des espaces et paysages d'Auvergne. Peu exploitable, elle est proche d'un boisement naturel avec arbres de tous âges et d'essences diverses mélangées. Elle constitue un véritable paradis pour les chevreuils, bécasses, la chouette de Tengmalm, le venturon, le pic noir... et la gélinotte.

Même si vous choisissez d'utiliser votre voiture, traversez le ruisseau un instant car sur l'autre rive se trouve une belle petite tourbière de pentes avec ses linaigrettes, droséras, grassettes (deux espèces). Ne la piétinez pas trop, même si elle est régulièrement ravagée par les motos dites « vertes ».

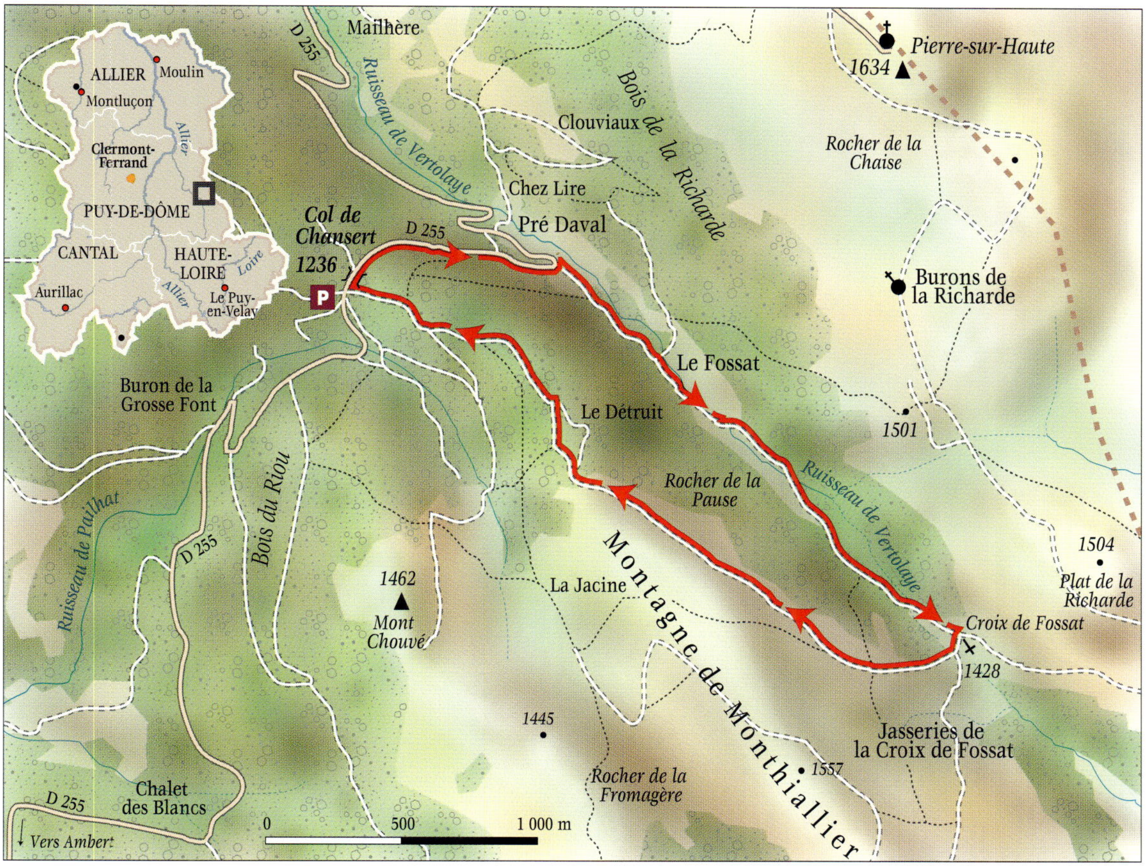

Le circuit long (6 heures de marche)

Ici, vous n'êtes qu'au tiers du parcours ! Vous remonterez le sentier qui coupe la tourbière. C'est le début d'une forte montée sur environ 500 à 600 m avec un sentier très raviné. Après ce raidillon, la montée est plus calme, sous la forêt. Vous entendrez sûrement le pic noir, le pouillot fitis, peut-être le tarin des aulnes. Vous parviendrez rapidement au col de la croix du Fossat (1 428 m) qui vous ouvre la porte des Hautes-Chaumes et de leurs grands espaces : ces immenses herbages sont la patrie des pipits farlouses et des alouettes des champs. Quand les rochers apparaissent, le traquet motteux et le pipit spioncelle s'installent. Les busards cendrés et Saint-Martin sont observés facilement alors que le milan royal est rare sur le Forez. Allez voir les jasseries toutes proches puis entamez la suite de la montée vers les Rochers de la Pause (point culminant du circuit, 1 520 m). Il suffit de prendre les sentes des moutons parallèlement à la lisière forestière. Cherchez-y le merle à plastron, qui possède ici sa plus belle population régionale. Les courageux pourront faire le détour par le sommet (1 568 m) pour découvrir presque toute l'Auvergne et le Velay.

Les estives du Monthiallier sont louées par une coopérative d'élevage ovin (évitez de passer les clôtures, refermez bien les portes des enclos, n'effrayez pas les animaux). Ainsi ce paysage original de lande herbacée se perpétuera. La flore de la lisière forestière supérieure est tout à fait originale : ravins à neige, boisement d'érables, rares en Auvergne. Vous trouverez sans problème la piste peu carrossable qui vous reconduira au col du Chansert parmi les framboisiers et les épicéas.

Les montagnes du sud

Au sud, l'Auvergne peut être limitée par la ligne de partage des eaux entre le bassin de la Loire et celui du Rhône. Plus à l'ouest, les limites sont plus floues. C'est au milieu du massif de la Margeride et de son vaste granite que l'Auvergne se désolidarise du Gévaudan lozérien et donc administrativement languedocien, partageant pourtant la même roche.

Encore plus à l'occident, le massif volcanique de l'Aubrac est aussi écartelé entre Cantal et Aveyron, relevant donc de la région Auvergne et de Midi-Pyrénées. Mais géologues, géographes et peuples ne suivent pas nécessairement la même logique pour établir leurs limites.

Des paysages volcaniques

Le Velay volcanique occupe une bonne partie du département de la Haute-Loire. Les bassins sédimentaires du Puy et de l'Amblavès séparent le plateau basaltique du Devès à l'ouest, le plus grand de France, du Velay oriental à l'est. Les laves du premier ensemble sont essentiellement des basanites, coulées fluides émises par des volcans de type strombolien, dont les cônes de scories portent le nom local de « gardes ». Les émissions de phonolites sont caractéristiques du second ensemble ; elles y achèvent une histoire volcanique qui a d'abord vu l'émission de basalte évoluant vers des trachytes. La phonolite, une lave peu fluide, forme ici des édifices plus ou moins importants ou simplement des épointements appelés sucs. Le Mézenc, âgé de plus de 8 millions d'années, est, avec ses 1 754 m, le point culminant de la façade rhodanienne du Massif central, figure de proue d'une véritable armada de sucs élancés. Ce paysage est véritablement unique en France et, pour les géologues grands voyageurs, n'est comparable qu'aux reliefs hardis de même nature du Hoggar.

Sur presque chacun de ces sucs, une paire de grands corbeaux a établi son aire et, au pied même du Mézenc, à 1 720 m, une aire de ce géant des passereaux offre un double record d'altitude pour l'Ardèche et la Haute-Loire. De ce promontoire, la vue porte directement sur les Alpes, ce qui explique sans doute la visite très régulière du site par l'accenteur alpin, le tichodrome et, surtout, la niverolle des Alpes.

Michel Cramois.

Le Mézenc. Franck Chastagnol.

Le grand corbeau. Franck Chastagnol.

Le pin à crochet. Michel Cramois.

Faune et flore du Velay

Une dizaine d'hectares d'étage subalpin sont réfugiés sur les sommets, balayés par les vents. Quelques pins à crochets plantés par le forestier tentent de résister mais le hêtre, certes rabougri et buissonnant, s'accroche jusqu'à 1 600 m. Cette pseudo-forêt subalpine retient une petite population de merle à plastron et de venturon montagnard. Sur la pelouse sommitale, parsemée de dalles sonnantes de phonolite, l'anémone printanière, le trèfle et la rose des Alpes semblent s'associer à la vue de ces montagnes mais la présence du séneçon argenté, dont les plus proches stations se trouvent dans les Pyrénées, nous rappelle que la biogéographie est une science d'interprétation délicate. Le lézard vivipare est omniprésent tandis que son prédateur principal, la vipère péliade, est beaucoup plus localisé. Le fleuron de ce massif est le merle de roche dont quelques dizaines de couples occupent naturellement les affleurements rocheux modestes mais aussi certains villages ou ruines sur les deux départements. La présence du moineau soulcie dans le village de Chaudeyrolles, à 1 200 m d'altitude, a de quoi surprendre lorsque l'on est confronté aux rigueurs climatiques du plateau. Mais cette espèce n'est pas aussi méditerranéenne qu'on le croit, comme en témoignent son absence de la Provence siliceuse et sa présence dans des villages du Queyras, dans les Alpes, à plus de 2 000 m d'altitude.

Les quelques forêts qui subsistent sont essentiellement composées de hêtres et de sapins, mais les plantations d'épicéas couvrent de grandes surfaces, même si cette espèce semble mal adaptée au contexte. Cependant, cette introduction, associée à celle du pin à crochets et de l'arole ou pin cembro, explique probablement la présence régulière du cassenoix moucheté dont la preuve de la reproduction se fait attendre. La tourbière de Chaudeyrolles, située dans un ancien cratère circulaire, née de l'association explosive de l'eau et du feu, héberge une station d'une espèce rare en Auvergne : l'œillet superbe. L'essentiel des milieux ouverts est représenté par de belles prairies d'altitude qui font la joie des cueilleurs de jonquilles et narcisses au printemps et abritent de belles populations de pipits farlouse et spioncelle. Les rivières qui prennent naissance

La niverolle des Alpes. Éric Depraetère.

Le lézard vivipare.
Gérard Guillot.

dans ce véritable berceau de la Loire hébergent très peu d'espèces de poissons, ce qui, dans ce cas, est un gage de qualité. La truite fario est accompagnée par le vairon, la loche franche et le chabot. Cependant, suite à l'eutrophisation et la construction de barrages, les cyprinidés ont tendance à repousser leur limite amont comme malheureusement dans la plupart des rivières françaises.

La Margeride

Contrairement à la province volcanique du Velay oriental, en Margeride, pas de coulée, de suc et de cratères, mais un superbe granite porphyroïde, couvrant plusieurs milliers de kilomètres carrés. Les chaos rocheux, boules de granite mises au jour par l'érosion, parsèment les crêtes. Ici, avec huit habitants au kilomètre carré, nous sommes dans le deuxième désert français avec le Causse Méjean. L'originalité écologique de la Margeride est marquée par des espèces comme le bouleau nain et le saule des Lapons. Réfugiées dans quelques tourbières, ces relictes glaciaires soulignent la rudesse du climat. Leur présence prouve aussi la persistance de milieux ouverts durant tout l'Holocène, ce temps écoulé depuis la dernière glaciation. Le nacré de la canneberge, l'aeschne des joncs et la vipère péliade apportent la touche animale à ce tableau des contrées froides. Un nombre important de ces tourbières sont protégées par un arrêté préfectoral de protection de biotope qui englobe les zones d'intérêt sur la Haute-Loire et la Lozère. La gestion est confiée à l'Office national des forêts qui a su limiter les enrésinements et proposer des mesures de gestion adéquates.

Les terres abandonnées par le pâturage ont été pour l'essentiel replantées en épicéas mais, bien que loin d'atteindre les superficies des Hautes-Chaumes foréziennes, les landes à callune subsistent sur certains sommets, comme le Mont-

Boule de granit sur les hauteurs de la Margeride.
Gilbert Cochet.

La marmotte. Jean-Claude Laigle.

chauvet ou le Truc de la Garde. Dans ces landes, l'influence océanique se fait sentir, avec la présence du genêt anglais, très commun ici et devenant beaucoup plus rare dans l'est de l'Auvergne. Le lycopode en massue et l'airelle des marais subsistent dans les milieux ouverts parcourus par le lézard vivipare et le lézard des souches, présents en bonne densité.

Plus bas, quelques rares forêts ont échappé aux coupes et il subsiste même quelques hêtraies et sapinières anciennes avec des arbres dépérissants, couverts de lichens, avec notamment *Lobaria pulmonaria*, témoin de la pérennité du boisement. Le pic noir est abondant mais surtout, depuis une première observation au début des années 1980 près de la chapelle Saint-Roch, la chouette de Tengmalm semble de plus en plus fréquente, essentiellement en sapinière. Sous les troncs moussus, à terre, la présence de *Carabus auronitens*, un carabe de l'étage montagnard, est très régulière. Plus bas, il peut fréquenter les mêmes milieux que *Carabus hispanicus*, endémique du Massif central. La naturalité de ces forêts mérite d'être préservée et, déjà, quelques hectares, associés à des landes, ont été acquis dans le cadre d'un programme européen. Cette protection est à poursuivre pour témoigner de cet inestimable patrimoine légué par le temps.

Grâce à ses tourbières et sa position face aux perturbations atlantiques, la Margeride est un véritable château d'eau alimentant de nom-

Carabus auronitens.
Gilbert Cochet.

breux cours d'eau aux débits relativement réguliers. Ces ruisseaux, bien que très faiblement minéralisés, hébergent l'écrevisse à pattes blanches et la moule perlière, deux espèces qui nécessitent pourtant du calcaire pour leur squelette. La nature aime parfois ébranler nos certitudes par ses paradoxes ! Haute-Truyère, Seuge, Virlange, autant de rivières à la belle couleur de thé léger, issues des tourbières et s'étalant sur les fonds élargis par les dépôts périglaciaires. Ces cours d'eau sont restés, parfois grâce aux plaidoyers des amoureux des rivières, à l'abri des menaces de construction de microcentrales. Souhaitons donc à ces hautes terres du sud de l'Auvergne de continuer à nous donner cette eau dans sa qualité originelle, témoin de milieux naturels encore préservés.

DÉCOUVERTE : CIRCUIT DE LA CROIX DE PECCATA AU MÉZENC

Accès

Depuis Le Puy-en-Velay, prendre la D 15 (direction Valence) puis la D 535 en direction du Monestier-sous-Gazeille que l'on traverse. Peu après, prendre sur la gauche la D 631 jusqu'aux Estables. Traverser le village et prendre la direction de Chaudeyrolles par la D 274 jusqu'à la croix de Peccata.

Circuit N° 8

Du parking de la croix de Peccata, le sentier monte à travers les plantations d'épicéas, couverts de lichens. La forte mortalité de ces résineux est due à un coléoptère qui a profité des importantes plantations monospécifiques. Ce secteur héberge le

La moule perlière

Moule perlière. Gilbert Cochet.

Certaines rivières de Margeride ont conservé un grand privilège : héberger des populations viables de moule perlière. En effet, seuls quatre-vingts cours d'eau sur l'ensemble de notre pays sont encore habités par le mollusque le plus difficile en terme de qualité d'eau. Essayons d'imaginer ses exigences : pas de sédiment fin qui colmate le substrat, moins de 1,7 mg/l de nitrates pour permettre sa reproduction ! Autant dire que même certaines de nos eaux minérales ne lui permettraient pas de survivre !

Sa longévité peut atteindre 200 ans, faisant de cette espèce le meilleur bio-indicateur historique de la qualité de nos rivières. Son cycle est très particulier puisque, après la fécondation, la larve est libérée dans le courant et doit se fixer sur un jeune salmonidé, truitelle ou tacon, afin de poursuivre une vie parasitaire de quelques semaines avant de tomber dans le sédiment où elle s'enfonce pendant quatre à cinq ans. Malheureusement, la quasi-totalité de nos rivières n'offre plus de substrat graveleux et sableux de qualité pour cette espèce.

Ce mollusque produit des perles, mais de piètre qualité, et il faudrait ouvrir et tuer près de mille moules dans l'espoir de trouver une perle de qualité… et l'espèce est strictement protégée par les lois française et européenne.

cassenoix moucheté, nouveau venu probablement favorisé par l'enrésinement comme les nombreux becs-croisés des sapins.

A la sortie de la pessière, le décor change avec des pins épars, domaine du merle à plastron et du venturon montagnard. Alors que le pin sylvestre est indigène, pin à crochets et arole sont issus de plantations anciennes.

L'ascension se poursuit entre les dalles de phonolite sur un sentier récemment restauré pour éviter le piétinement des landes rases très fragiles. Là, au milieu des blocs, le séneçon argenté s'offre en corbeille d'or et d'argent (cueillette interdite). La marmotte apprécie ces amas rocheux et, suite à une introduction, augmente régulièrement ses effectifs et sa distribution au point d'attirer l'aigle royal sur ces hautes terres.

Atteindre le sommet du Mézenc est un ravissement autant qu'une leçon de géomorphologie. La ligne de partage des eaux court sous nos pieds et s'impose dans le paysage : le versant ardéchois est terriblement entaillé par les rivières qui dévalent pour rejoindre le Rhône à quelques dizaines de kilomètres ; le versant vellave tout en douceur voit naître les eaux qui, par la Loire, vont rejoindre l'Atlantique après plus de 1 000 km.

Le rougequeue noir niche ici à plus de 1 500 m, sous une pierre, au côté de l'anémone de printemps et du raisin d'ours. Les pentes sont encore survolées par l'apollon et le moiré ottoman, tandis que le lézard vivipare trouve refuge dans les callunes sommitales.

Le retour peut s'effectuer par le même sentier où rejoindre la croix des Boutières, au-dessus de son cirque volcanique et glaciaire occupé par le grand corbeau et l'hirondelle de rochers.

La canneberge. Michel Cramois.

Adventice : Plante qui pousse associée à une culture sans y avoir été semée (adventice de la culture de la vigne).
Anthropique : Se dit d'un facteur lié à une activité humaine.
Avifaune : Ensemble des espèces d'oiseaux présentes dans une aire géographique donnée.
Avifaunistique : Qui se rapporte à l'avifaune.
Biocénose : Ensemble des êtres vivants d'un biotope.
Biotope : Partie d'un écosystème caractérisé par ses éléments physiques et chimiques.
Cynégétique : Qui se rapporte à la chasse.
Entomologique : Qui se rapporte aux insectes.
Epiphyte : Se dit d'un végétal qui vit sur un autre végétal en se servant de lui uniquement comme support.
Etiage : Baisse périodique des eaux d'un cours d'eau.
Eutrophisation : Phénomène affectant des milieux aquatiques dû à une augmentation en ions minéraux entraînant une accumulation importante de matière organique dont la décomposition entraîne une baisse de la teneur en dioxygène.
Eutrophisé : Se dit d'un milieu aquatique qui est soumis à une eutrophisation.
Frayère : Lieu de ponte de poissons.
Futaie : Stade forestier qui suit le perchis et dont les arbres dominants, issus de germination, ont le même âge avec un diamètre du tronc supérieur à 20 cm.
Gaulis : Stade de développement en futaie régulière qui suit le fourré et dont les arbres ont un diamètre de 1 à 5 cm et une hauteur de 3 à 6 m.
Halophiles : Etres vivants se développant dans les milieux salés.
Herbacés : Plante dépourvue de bois.
Ligneux : Plantes possédant du bois (buissons et arbres), désigne aussi des organes ou des tissus végétaux.
Hercynien : Terme géologique qui se rapporte au cycle orogénique, c'est-à-dire de formation de chaîne de montagnes, hercynien, qui s'est déroulé dans la deuxième partie de l'ère Primaire ou Paléozoïque.
Hêtraie : Forêt de hêtres.
Hygrométrie : Teneur en eau de l'air.
Lauze : Pierre plate utilisée comme couverture pour un toit de maison.
Limicoles : Oiseaux en général hauts sur pattes se nourrissant sur les vasières.
Limoneux (féminin limoneuse) : Qui est riche en limon, c'est-à-dire en dépôts détritiques meubles à grains très fins.
Maar : Lac occupant un cratère d'explosion en forme de cuvette.
Narse : Dépression humide ou marécageuse.
Pédonculées : Pourvues d'un pédoncule.
Pénéplaine : Surface topographique de grande dimension, à peu près plane, qui résulte de l'action prolongée de l'érosion.
Perchis : Stade de développement forestier en futaie régulière qui suit le gaulis avec un diamètre des troncs de 5 à 7,5 cm.
Porphyroïde : Roche magmatique qui possède des cristaux de grande taille.
Pyroclastique : Débris de roches magmatiques éjectés par les volcans.
Relicte glaciaire : Terme désignant des espèces animales ou végétales dont la présence en un lieu est une conséquence des glaciations Quaternaire.
Ripisylve : Forêt de bord de cours d'eau.
Rivulaire : Qui vit sur les rives des cours d'eau.
Stratovolcan : Edifice volcanique complexe construit par la succession de coulées de laves et d'accumulations pyroclastiques.
Strombolienne : Eruption d'un volcan dont le cône est constitué d'une alternance de coulées et de projections.
Substratum : Terme désignant ce sur quoi repose une formation géologique.
Touradons : Végétation aquatique émergée se présentant sous la forme de bouquets drus séparés par de l'eau libre.
Ubiquiste : Qui est présent partout à la fois, qui n'a pas de préférence pour un milieu particulier.
Vasière : Etendue couverte de vases.

Joëlle Bonnieux.

Boitier (E.), *Orchidées d'Auvergne*. Fédération de la Région Auvergne pour la Nature et l'Environnement, Chamalières, 1996.
Boitier (E.) (dir.), *Liste commentée des oiseaux d'Auvergne*. Le Grand Duc, hors-série n° 1, 2000.
Boitier (E.), Bachelard (P.) et Calmont (B.), « L'apport du volcanisme à la diversité entomologique en Auvergne ». *Le Courrier de la Nature*. Spécial volcans : 30-32, 2003.
Bouchardy (C.), *Faune d'Auvergne et du Limousin*. Editions Libris, 1998.
Brulé-Peyronie (M.) et Legros (F.), *Volcanisme en Auvergne*. Editions du Miroir, Clermont-Ferrand, 1996.
Brulé-Peyronie (M.) et Durantel (P.), *Lacs en Auvergne*. Editions du Miroir, Clermont-Ferrand, 1997.
Collectif, *Demain quels paysages ?* La dépêche scientifique du parc, n° 7, supplément scientifique, Parc naturel régional des Volcans d'Auvergne, 1993.
Collectif, *Parc naturel régional du Livradois-Forez*. Guides Gallimard. Editions Nouveaux Loisirs, 2000.
De Puytorac (P.) (dir.), *L'Auvergne, les milieux, la flore, la faune*. Delachaux et Niestlé, Lausanne, Paris, 1997.
Fédération de la Région Auvergne pour la Nature et l'Environnement, *Guide itinéraire nature Auvergne*. Chamalières, 1997.
Fédération de la Région Auvergne pour la Nature et l'Environnement, *Papillons d'Auvergne*. Chamalières, 2002.
De Goër de Hervé (A.) et Camus (G.), *Volcanologie de la chaîne des Puys* (3e édition revue et mise à jour), Parc naturel régional des Volcans d'Auvergne, 1991.
De Goër de Hervé (A.) (dir.), *Volcanisme et volcans d'Auvergne*. La dépêche scientifique du parc, nos 8-9, Parc naturel régional des Volcans d'Auvergne, 1995.
Joubert (B.), *Oiseaux du Massif central. Une avifaune de Haute-Loire*. Editions de la Borne, Le Puy-en-Velay, 1994.
Grenier (E.), *Flore d'Auvergne*. Société Linnéenne de Lyon, 1992.
LPO Auvergne, *Les Oiseaux d'Auvergne*. Editions Sud-Ouest, Bordeaux, 1995.
LPO Auvergne, *Oiseaux menacés d'Auvergne*. Conseil régional d'Auvergne/Programmes européens/LPO Auvergne, 2000.
LPO Auvergne, *Guide des Oiseaux de Haute-Loire*. Conseil général de la Haute-Loire/Editions Jeanne d'Arc, 2002.
Michelin (Y.), *Les Jardins de Vulcain*. Editions du Musée de l'Homme, Paris, 1995.
Parc naturel régional du Livradois-Forez, *Livradois-Forez, l'Auvergne du soleil levant*. Editions du Rouergue, 189 pages, 1998.
Peterlonguo (J.-M.) (dir.), *Guides géologiques régionaux : Massif central*. Masson, 200 pages, 1972.
Valle (E.) et Senaud (G.), « La flore des volcans d'Auvergne ». *Le Courrier de la Nature*. Spécial volcans : 27 et 29, 2003.
Les guides Chamina sont incontournables pour planifier des randonnées pédestres en Auvergne. Ils fournissent également des informations d'excellente qualité sur les milieux naturels et les activités humaines.

Remerciements

Nous remercions le professeur Philippe Lebreton, Joël Bec et Pierre Tourret pour leur lecture critique et rigoureuse du manuscrit.
Ont également collaboré par la lecture de certains textes ou pour avoir fourni des informations : Michel Albaret (Office national de la chasse et de la faune sauvage), Pierre-André Dejaifve (Réserve naturelle du val d'Allier), Pierre Tourret (Ligue pour la protection des oiseaux).
Merci à Philippe Bachelard, Yvan Lévigne, Simon Popy et à Alexandre Raynaud pour les informations qu'ils nous ont fournies.

Nous tenons à remercier très chaleureusement l'ensemble des participants (rédacteurs et photographes) pour leur collaboration entièrement bénévole à cet ouvrage. Les droits d'auteurs seront reversés intégralement à la LPO afin de participer concrètement à la protection des oiseaux et des milieux qui les accueillent.

LPO Auvergne
2 bis, rue du Clos-Perret, 63100 Clermont-Ferrand
Tél. : 04 73 36 39 79
Fax : 04 73 36 98 74
Mél : auvergne@lpo.fr
Site Internet : www.lpo-auvergne.org

Éditeur : Aurélya Streignart
Conception graphique et mise en page :
Hokus Pokus
Cartographie : Patrick Mérienne
Photogravure : Scann'Ouest, Rennes (35)
Impression : Mame Imprimeurs à Tours (37)

Édilarge SA, Rennes
ISBN 2 7373 2968 X
N° d'éditeur 4328.01.06.03.04
Dépôt légal : mars 2004
Imprimé en France